PETRA STEPS (Hrsg.)

Mörderisches
Vogtland

KRIMINELLES VOGTLAND Das Vogtland befindet sich im Grenzgebiet der drei deutschen Freistaaten – im Osten lauert Sachsen, im Süden Bayern und im Westen Thüringen. Dazu kommt die gemeinsame Grenze mit dem Nachbarland Tschechien. So viele Grenzen ziehen bekanntlich Kriminelle an. Deshalb ist es nicht verwunderlich, dass im Vogtland ungeachtet seiner idyllischen Landschaft gestohlen, geraubt, betrogen und gemordet wird. In den elf Kurzkrimis der sechs Autoren geht es im gesamten Gebiet kriminell spannend zu. Sei es in Morgenröthe-Rautenkranz, der Heimat des ersten Deutschen, der ins All geflogen ist – Sigmund Jähn, oder in Plauen, in Hof, in Zeulenroda oder in Netzschkau, wo die größte Ziegelsteinbrücke der Welt thront. Denn auch in diesem Freizeitplaner kommen die regionalen Tipps nicht zu kurz.

© seeyou design - carsten steps

Petra Steps, Jahrgang 1959, ist waschechte Vogtländerin, jedoch im Kuckucksnest Zwickau geboren, Diplomphilosophin, Hochschullehrerin, Journalistin, Herausgeberin, Autorin, Ehefrau, Mutter und Oma. Sie ist (Mit-)Herausgeberin von Krimianthologien und Autorin bzw. Mitautorin von Reisebüchern, veröffentlicht Beiträge in Regionalia sowie Krimianthologien und gibt Schreib-Workshops. Für den Förderverein Schloss Netzschkau e.V. veranstaltet sie die KrimiLiteraturTage Vogtland (www.krimi-literatur-tage.de). In der vorliegenden Anthologie wird sie von Roland Spranger, Jahrgang 1963, unterstützt. Er arbeitet neben seiner Autorentätigkeit als Betreuer in Wohnprojekten für geistig Behinderte und ist Glauser-Preisträger in der Sparte Bester Kriminalroman.

PETRA STEPS (Hrsg.)

Mörderisches Vogtland

11 Krimis und 125 Freizeittipps

GMEINER

Immer informiert

Spannung pur – mit unserem Newsletter informieren wir Sie
regelmäßig über Wissenswertes aus unserer Bücherwelt.

Gefällt mir!

Facebook: @Gmeiner.Verlag
Instagram: @gmeinerverlag
Twitter: @GmeinerVerlag

MIX
Papier aus verantwor-
tungsvollen Quellen
FSC® C083411
FSC
www.fsc.org

Besuchen Sie uns im Internet:
www.gmeiner-verlag.de

© 2015 – Gmeiner-Verlag GmbH
Im Ehnried 5, 88605 Meßkirch
Telefon 0 75 75 / 20 95 - 0
info@gmeiner-verlag.de
Alle Rechte vorbehalten
1. Neuausgabe 2021

Lektorat: Sven Lang
Herstellung: Mirjam Hecht
Umschlaggestaltung: U.O.R.G. Lutz Eberle, Stuttgart
unter Verwendung eines Fotos von: © Tama66 / Pixabay.com
Druck: CPI books GmbH, Leck
Printed in Germany
ISBN 978-3-8392-0059-9

INHALTSVERZEICHNIS

Buddy passt auf
Roland Spranger 7

Rosa muss weg
Petra Steps 22

Tod in Klein Sibirien
Maren Schwarz 40

Snuff-Mobbing
Manfred Köhler 56

Büchsenfieber
Christoph Krumbiegel 76

Der Kilometermillionär
Gunnar Schuberth 94

Schießbefehl
Roland Spranger 122

Nie mehr dieses Niveau
Petra Steps 145

Auf des Messers Schneide
Maren Schwarz 164

Flutopfer
Manfred Köhler   180

Plauener Spitzel
Christoph Krumbiegel   208

Danksagung   233

Die beteiligten Autoren
des Krimistammtischs Vogtland   235

Register   238

BUDDY PASST AUF

ROLAND SPRANGER

Ich heiße Buddy und hasse Katzen.

Liegt vielleicht an meiner feinen Nase.

Katzen hinterlassen einen ekelerregenden Geruch.

Als ich jünger war, bin ich sofort auf dieses stinkende Katzending aus der Nachbarschaft zugeschossen, sobald ich es gewittert habe. Ich musste mir ein paar Mal eine blutige Nase holen, bevor ich kapiert habe, mit welchen hinterfotzigen Methoden der alte Kater kämpft. Mittlerweile ertrage ich seinen Gestank mit Würde. Ich beachte ihn überhaupt nicht mehr. Egal, wie provozierend er sich auch in unseren Garten legt. Einmal hat er meinen Futternapf leer gefressen. Das war schon grenzwertig.

Ich kann nicht verstehen, warum die Menschen diese Fellwanzen verehren. Paul Klee malte sie nicht nur ständig, sondern hatte einen weißen Angorakater. Eine unglaubliche Geschmacksverirrung. Von Leonardo da Vinci ist ein Studienblatt erhalten, auf dem sich eine Vielzahl von Katzenskizzen zu einem Katzenmob vereint. Unfassbar, dass sich ein Universalgenie zu so was herablässt. Heutzutage ist es schlimmer denn je: Überall Katzen, die über ein Klavier laufen. Im Internet sind Hunde deutlich unterrepräsentiert. Am schlimmsten sind die Katzenkrimis, die mein Frauchen hört. Gelesen von einem Schauspieler, den sie mag. Ich kann ihn nicht leiden. Er hat so eine Miezenstimme. Leider verhindert meine Anatomie, dass ich mir die Ohren zuhalten kann. Und natürlich dringt mein Hörvermögen in Regionen vor, in denen die Ohren meiner Besitzer längst Gnade walten lassen. Menschen sind ja irgendwie unterentwickelt. Nur so lässt sich erklären, dass sie außer uns Hunden auch Katzen domestiziert haben. Die Ägypter waren ganz verrückt nach ihnen, aber die haben auch die Pyramiden gebaut. Die Pharaonen waren von Haus aus durchgeknallt. Zu viel Inzest. Gibt es auch bei Hunden. Das Endprodukt heißt dann Möpse. Bemitleidenswerte Geschöpfe, die kaum Luft bekommen. Schlechter Atem bei Hunden ist in Ordnung, aber wenigstens die Atmung sollte funktionieren. Falls es doch mal mit einem durchgeht, und die Nachbarskatze über mehrere Gartenzäune verfolgt werden muss. Wider besseres Wissen. Das nennt man Instinkt. Leben mit Instinkt ist lästig. Vor allem als gebildeter Hund.

Man wird schnell depressiv.

Tatsächlich hatte ich dringend Erholung nötig, als Herrchen und Frauchen mit mir zum Wellness-Urlaub fuhren. Thüringer Vogtland. Bio-Seehotel Zeulenroda [1]. Tierfreundliches Hotel. Wunderschönes Ambiente. Und das Essen war super. Herrchen hat mir manchmal heimlich ein Stück Wild oder Filet unter dem Tisch zugesteckt. Frauchen ist dagegen, deshalb musste es unauffällig geschehen, aber ich weiß mittlerweile, wie ich mich setzen muss, damit Britta es nicht bemerkt. Mein Frauchen heißt nämlich Britta. Mein Herrchen heißt Karsten. Mir hat es auch Spaß gemacht, in den verglasten Fahrstühlen zu fahren und die Hotelgäste vom fünften Stock aus anzubellen, aber am liebsten habe ich mich im Sand des Strands gewälzt, der unterhalb des Hotels extra für mich angelegt worden war. Ein Erlebnis.

Am ersten Tag machten wir noch voll auf Familie und umrundeten die Talsperre auf dem Wanderweg **2**.

Am zweiten Tag teilten wir uns auf und verfolgten unterschiedliche Interessen. Während Herrchen und ich in einer winzigen Jolle über den Stausee segelten, ging Frauchen im Hotel zur Wellness-Behandlung und zum Yoga-Kurs. Sie wird leicht seekrank. Dann riecht sie so sauer. Gewöhnungsbedürftig. Deshalb bin ich froh, wenn sie bei den Segeltörns nicht dabei ist. Ich hingegen liebe es, vorne im Boot zu stehen und die Wellen anzubellen. Die Wellen sind kein leichter Gegner. Sie geben nicht so schnell auf. Mein Herrchen lacht dann. Manchmal sagt er auch »Platz!« – aber meistens lacht er.

Als wir nach dem Segeln Frauchen an der Hotelbar trafen, begrüßte ich sie schwanzwedelnd. Während sie mich hinter den Ohren kraulte, war sie nicht ganz bei der Sache. Sie war verschwitzt. Und ehrlich gesagt – wie soll ich es formulieren? – sie roch ein wenig so, als wäre sie mit einem anderen Herrchen zusammen gewesen. Trotz des Duschbads. Mein Herrchen schien sich an ihrem Geruch nicht zu stören. Wie immer, wenn er nett sein wollte, zeigte er ihr seine Zähne und stieß sein Glas an ihres.

Am nächsten Morgen durfte ich auf den Rücksitz des Autos springen. Ich fahr gerne Auto. Die Vibrationen sorgen bei mir für Tiefenentspannung. Außerdem freute ich mich auf eine kleine Burg-Tour. Ich mag Burgen, Schlösser und Ruinen. Meistens findet sich eine Wendeltreppe, über die man wie blöd im Kreis rauf und runter rennen und dabei bellen kann.

Die Osterburg **3** in Weida hat einen tollen Turm. Wie ihn kleine Kinder mit Bausteinen bauen, zum Beispiel Karstens Neffe: Immer einen schmaleren Klotz auf einen dickeren. Ich reiß die total gerne ein. Wenn man es oft genug macht, weint das Kind und Herrchen geht mit mir Gassi. Den Turm in Weida konnte ich nicht einreißen. Nur anbellen.

In Greiz gibt es gleich drei Schlösser. Das Untere Schloss und das Sommerpalais machen Hunden nicht so viel Spaß, aber mein Frauchen kam wegen der Architektur gar nicht mehr aus dem Schwärmen heraus. Karsten legte einen Arm um Britta. Er mag es, wenn sie begeistert ist. Schon der Weg zum Oberen Schloss machte mehr Spaß **4**. Man kann als Hund Ebene für Ebene vorausrennen und dann wieder zu Herrchen und Frauchen umkehren und dann wieder voraus auf die Aussichtsplattformen. Ich mochte die Aussicht: Von oben bellte ich die Stadt an; einmal hab ich sogar geheult wie ein Wolf.

Das mache ich nur selten, nur wenn alles passt.

Während des Aufstiegs kamen wir an malerischen Metallträgern vorbei, die den Schlossberg abstützen, weil das Gestein schon ein wenig brüchig ist. An den Metallträgern konnte ich schön das Bein heben. Zuerst zögerte ich ein wenig, weil Karsten im Urlaub immer einen Fotoapparat dabeihat. Ich lasse mich beim Pinkeln nicht gerne fotografieren, aber egal: Ich hob trotzdem das Bein. Instinkt. Da fiel mir das andere Herrchen auf, das sich oben mit einer Stange an der Burgmauer zu schaffen machte. Die Witterung verriet mir, dass der Mensch Jagd machte. Menschen, die Jagd machen, sind selten, seit sie domestiziert sind. Ich bellte mein Herrchen an.

Er lachte. Wie immer begriff er nichts. Im Gegensatz zum Frauchen, das unauffällig ein paar Schritte nach hinten zurücklegte. Dann machte ich etwas, das ich wirklich verabscheue: Ich schaltete in den Lassie-Modus. Ich sprang das Herrchen an. Er taumelte zurück. Die paar Meter mussten reichen. Karsten fiel auf den Rücken. Während ich ihm auf der Brust stand, sah ich zu, wie ein Felsbrocken knapp an uns vorbeirollte. Danach: Streicheln. Irgendwas ins Ohr flüstern, das mit Belohnung und Rinderleber zu tun hatte. Menschen, die sich an einen drücken. Das Frauchen auch. Ich hasse Lassie. Ihre Filme sind noch peinlicher als jeder Katzenkrimi.

Immerhin bekam ich an diesem Abend tatsächlich Rinderleber.

Am nächsten Tag hatte Frauchen Migräne und war zu nichts fähig. Deshalb ging Herrchen ins Erlebnisbad Waikiki [5]. Schon im Eingangsbereich Palmen. Bunte Farben. Eine Frau mit einer Blumenkette um den Hals an der Kasse. Hinter einem großen Fenster plantschten Kinder unter einem Wasserfall.

Frauchen nahm mich mit zurück ins Hotel. Wir fuhren mit dem Fahrstuhl. Es machte wieder Spaß, dabei zuzusehen, wie die Leute kleiner wurden, aber dann stoppten wir im falschen Stockwerk. Zuerst wollte ich gar nicht aus dem Fahrstuhl, denn ich hatte den Fehler sofort bemerkt.

Britta zog an der Leine.

»Blödes Vieh«, zischte sie.

Das war nicht sehr nett.

Wir gingen durch den verkehrten Gang zu einem falschen Zimmer. Frauchen klopfte.

Der Mann, der am Vortag Jagd auf Karsten gemacht hatte, öffnete die Tür. Er zeigte seine Zähne.

Im Zimmer ging alles ganz schnell. Ich würde auch keine Kleidung tragen mögen. Sie schleckten sich ab. Bissen sich vorsichtig. Sie wurden wild. Frauchen schrie laut: »Oooliiii!«

Zwischendurch machten sie es auch wie Hunde. Bei Menschen finde ich das unpassend. Dann roch sie wieder nach ihm.

Als wir Herrchen am Erlebnisbad abholten, spielte ihm seine Witterung wieder mal einen Streich. Er zeigte seine Zähne. Der Gestank, den der andere Rüde in Frauchen hinterlassen hatte, blieb unbemerkt.

Gleich danach standen Britta und Karsten Arm in Arm vor dem überdimensionierten Rathaus von Zeulenroda **6**. Es ist zu groß, sogar für die Krone der Schöpfung, aber die Herrchen und Frauchen dieser Welt wollen, dass etwas bleibt. Instinkt. Ich heb ja auch das Bein, wenn alle zuschauen.

Menschen sind so unterbemittelt. Die einfachsten Dinge kriegen sie nicht mit. Ich würde mein Herrchen beschützen müssen. Wirklich: Ich hab keine Lust auf die Lassie-Nummer, aber die Menschen erwarten sie einfach, wenn sie einen Hund haben. Das nervt. Ich trottete zum Karpfenpfeifer-Brunnen **7** auf dem großen Platz vor dem Rathaus. Ich weiß schon, dass die Karpfen nicht echt sind. Sie sind aus Metall. Es kann nicht schaden, dass ich mich dämlicher stelle, als ich bin. Gehört zu den Überlebensregeln eines Undercover-Agenten.

Zurück im Bio-Seehotel wurde mir in der Hotelbar Wasser in einem sehr sauberen Metallnapf vorgesetzt, während für Karsten ein Bier gezapft und für Britta ein Caipirinha gemixt wurde. Ich war mit dem Wasser zufrieden. Ich musste nüchtern bleiben. Mein Herrchen und die Situation im Auge behalten. Auf einer Party hatte ich mal ein Glas mit einem irischen Whiskey leer geschleckt. Sehr lecker. Brennt gar nicht so stark auf der Zunge, aber danach hatte ich Probleme, meine vier Gliedmaßen in die richtige Reihenfolge zu bringen. Whiskey überfordert jeden, der mehr als zwei Beine hat.

Herrchen und Frauchen prosteten sich zu, als hätten sie das schönste Herrchen-und-Frauchen-Verhältnis der Welt. Nach einer Weile verzogen sie sich auf die Sonnenterrasse und rauchten. Mit mir an der Leine. Sie ließen sich die untergehende Sonne ins Gesicht scheinen, aber mich konnte die ganze verlogene Romantik natürlich nicht blenden. Aufmerksam behielt ich die Bar durch die Panoramascheiben im Auge. Tatsächlich kam Oooliiii an den Tresen und bestellte einen Sex on the Beach beim Barkeeper. Kaum hatte der sich umgedreht, um den Cocktail zu mixen, entleerte Oooliiii eine kleine Ampulle mit einer klaren Flüssigkeit in Karstens Bier.

Ich konnte mich genau erinnern, als jemand das letzte Mal eine klare Flüssigkeit in etwas geschüttet hatte – und zwar Frauchen in meinen Futternapf. Danach hatte ich ein paar Erinnerungslücken, aber irgendwann war ich kastriert beim Tierarzt aufgewacht. Klare Flüssigkeit in einer Ampulle konnte nichts Gutes bedeuten.

Für den Sex on the Beach bedankte sich Oooliiii und zeigte seine Zähne. Dann ging er zu einem Sessel, von dem er einen guten Blick auf die Bar hatte.

Nachdem Karsten und Britta ausgeraucht hatten, gingen beide wieder mit mir zu den Getränken. Als sie sich zuprosteten, sprang ich mit vollem Körpereinsatz hoch. Herrchen fiel das Glas aus der Hand. Überall Scherben. Ich bewegte mich nicht vom Fleck, um mir nicht die Pfoten aufzuschneiden, bis auch der letzte Splitter aufgekehrt war. Das Frauchen sah mich die ganze Zeit wütend an. Karsten schob einen bunten Papierlappen über die Theke und bekam ein neues Bier. Er lachte.

Während das Herrchen in die Sauna ging, machte sich Frauchen mit mir auf den Nacht-Gassi-Gang. Unten am Strand traf sie Oooliiii.

Ich tat unbeteiligt und wälzte mich im Sand.

»Der Hund muss weg«, sagte Oooliiii. »Er beschützt deinen Mann.«

»So ein Blödsinn«, antwortete Britta. »Das ist nur ein Hund. Der kann nicht denken. Außerdem würde Karsten sofort abreisen, wenn ihm etwas passierte. Dann hätten wir gar keine Gelegenheit mehr.«

Danach machten mein Frauchen und der Oooliiii-Rüde Sex on the Beach. Sie saß auf ihm. Ekelhaft. Würden Hunde nie machen. Geht auch gar nicht. Anatomisch gesehen. Zurück im Hotelzimmer roch Herrchen wieder mal nichts. Menschen sind echt zu bedauern.

Am nächsten Morgen brachen wir zu einer Sightseeingtour auf. Mit dem Auto fuhren wir nach Wünschendorf. Im Garten der St.-Veit-Pfarrkirche **8** führte der Küster gerade Reparaturen durch. Deshalb traute ich mich nicht, an einen der bemoosten Grabsteine zu pinkeln. Ich hielt es zurück, bis wir an der alten überdachten Holzbrücke **9** waren. Bei Holz kann ich nicht anders.

Ich hob das Bein. Frauchen verdrehte wieder die Augen, während Herrchen lachte.

Danach ging es weiter zum Kloster Mildenfurth ⏹. Leider abgesperrt. Ein paar Gerüste waren aufgebaut. Sie sollten den Eindruck vermitteln, dass wirklich Restaurierungsarbeiten stattfanden. Herrchen und Frauchen bekamen Zugang, nachdem sie einen Künstler angesprochen hatten, der in unmittelbarer Nachbarschaft nicht nur sein Atelier, sondern auch den Hauptschlüssel zum Kloster hatte. Er führte uns in ein Gewölbe, in dem die langen Finger seiner Skulpturen aus der Dunkelheit tasteten. Verlorene Kinder. Menschen mit Tierköpfen. Maskierte Gestalten. Gruselig. Ich bellte wie verrückt. Es machte einen Heidenspaß.

Anschließend durften wir den Klostergarten besichtigen. Überall Skulpturen. Immerhin waren auch Hunde dabei. Sehr große Hunde. Der Künstler mochte mich. Seine Dogge war irgendwann gestorben.

»Aber in so ein Umfeld gehört ein Hund«, sagte er und kraulte mich hinter den Ohren. Dabei war ich einen Moment unachtsam. Ein dicker Stein schlug direkt neben meinem Herrchen auf. Kreidebleich drehte er sich um.

»Deshalb lasse ich normalerweise niemanden herein«, sagte der Künstler. »Es kann sich jederzeit ein Stein lösen. Kein Geld für die Restaurierung. Eine Schande. Die Menschen sind nicht mehr an Kultur interessiert, sondern nur noch an glatten Straßen.«

Ich war wütend auf mich selbst, weil ich nicht aufgepasst hatte. Bellend rannte ich zu der geöffneten Tür des Klosters. Die Treppe hoch. Bis zu der Tür, hinter der ich Oooliiii wittern konnte. Das Herrchen nahm mich an die

Leine. Ich war ich widerspenstig. Bremste mit den Pfoten. Bis ich begriff, dass Karsten wieder mal das andere Männchen nicht riechen konnte. Dabei stank es nach Oooliiiis Anwesenheit. Nach der Präsenz des Bösen. Natürlich hätte ich noch ewig die Tür ankläffen können, aber auf diese erniedrigende Lassie-Nummer hatte ich wirklich keine Lust.

Während ich die Treppe nach unten sprang, wurde mir klar, dass ich langsam begann, das Spiel zu bestimmen. Oooliiii fiel nichts mehr Neues ein. Vermutlich war Plan A der Felsen in Greiz. Und Plan B das Gift im Bier. Jetzt griff er auf alte Ideen zurück. Er improvisierte. Wurde leichtsinnig.

Wir fuhren zur Burgruine Reichenfels **11**. Idyllisch gelegen mit einem Baum-Lehrpfad. Hundeparadies mit der Möglichkeit, an verschiedene Baumarten zu pinkeln. Unterhalb der Burg gab es einen Steinbruch. Ich konnte mir zusammenreimen, was das bedeutete: Diesmal würde kein Stein von oben kommen, sondern Karsten sollte in die Tiefe stürzen.

Aber diesmal würde ich so aufmerksam sein, wie man es vom besten Freund des Menschen erwartete. Und Herrchen half mir dabei: Er nahm mich von der Leine. Während er mit Frauchen Hand in Hand den steilen Zugang zur Ruine hochging, büxte ich aus. Unbemerkt. Britta und Karsten waren mit der Idylle beschäftigt. Den Bäumen. Dem Licht. Der Ruhe. Wir Hunde sind nicht so romantisch veranlagt. Ich folgte dem Geruch. Oooliiiis Geruch. Ich kam zu einem Holzzaun, an dem ein Warnschild befestigt war:

›Betreten verboten! Lebensgefahr!‹

Mit einem Satz sprang ich über den Zaun.

Oooliiii versteckte sich hinter einem Baum.

»Mistvieh«, zischte er. »Was willst du hier?«

Leider kann ich nicht reden. Sonst hätte ich was Cooles gesagt. »Yippie-ya-yeah, Schweinebacke!« beispielsweise.

Ich sprang Oooliiii an. Einen wunderbaren Moment lang war er sehr erstaunt, taumelte, machte einen Schritt zurück und stürzte in die Tiefe – während ich sicher auf allen vieren vor dem Abgrund aufkam. Ihm hinterher sah. Er schrie nicht einmal wirklich. Nur ein Geräusch, als hatte er sich verschluckt.

Ich lief zurück zu Herrchen und Frauchen.

Beide begrüßten mich freudig, als ich ihnen auf der Brücke zur Ruine entgegenkam.

»Wo bist du denn gewesen?«, fragte Herrchen lachend.

Während wir an dem Holzzaun vorbeigingen, blieb Frauchen etwas zurück und warf ihr Smartphone über die Latten. Deutlich sichtbar lag es auf dem kurzen Weg, der zum Steinbruch führte.

Übertrieben laut stöhnte sie auf: »Mein Gott!«

Karsten drehte sich um. »Was ist denn?«

»Mein Smartphone ist weg.«

Sie begannen es zu suchen. Karsten entdeckte es hinter dem Holzzaun.

»Steig nicht drüber«, sagte Britta. »Da steht *Lebensgefahr*.«

Karsten kletterte über den Zaun und brachte ihr das Smartphone zurück. Unbeschadet. Beides: Gerät und Herrchen. Ich war stolz auf mich.

Frauchen starrte ungläubig. Mit offenem Mund. Sie checkte ihr Telefon. Keine Nachricht.

Auf dem Weg zum Parkplatz kamen wir an einem Rasenlabyrinth vorbei. Labyrinthe sind ein weit verbreitetes, uraltes magisches Symbol für einen langen, verschlungenen Weg zu einem bestimmten, schwer zu erreichenden Ziel. Der Weg symbolisiert den Lebensweg eines Menschen. Oder eines Hundes.

Das Reichenfelser Labyrinth hat einen Durchmesser von zehn Metern, aber beim Begehen legt man einen Weg von zweihundert Metern zurück. Das Herrchen und ich sind einfach quer drüber getollt. Gesprungen. Gerannt. Waren nicht achtsam. Hatten Spaß. Waren am Leben. Mit einer Katze kann man so was nicht machen.

Am Abend bekam ich einen Knochen. Ich hatte ihn mir verdient.

Ich heiße Buddy und passe auf.

1 Bio-Seehotel Zeulenroda: Vier-Sterne-Hotel mit Seeblick und eigenem Strand, das sich umweltbe- wusstes und klimaneutrales Handeln auf die Fahnen geschrieben hat. Trotzdem kommt der Wohlfühl- faktor nicht zu kurz: Das Haus bietet spannende Arrangements sowohl für Tagungen als auch für den Familienurlaub. Passend zum ganzheitlichen Ansatz steht Wellness gleichberechtigt neben kuli- narischen Angeboten. Direkt am See gibt es einen Biergarten. Und natürlich (ganz wichtig): Hunde sind willkommen!

2 Talsperren-Weg Zeulenroda: Leichte, aber relativ lange Wanderung (25 Kilometer) rund um das Zeu- lenrodaer Meer. Die Talsperre gehörte zu einem Sys- tem von vier Talsperren, das die Trinkwasserversor- gung für Ostthüringen sicherte. Am 1. September 2012 wurde der Trinkwasserstatus aufgehoben. Seit- dem entsteht dort ein Naherholungsgebiet mit ver- schiedenen Angeboten. Der Rundwanderweg ver- läuft gemütlich und eben durch dichten Wald, über Felder und direkt am Seeufer entlang. Für Abwechs- lung und schöne Ausblicke ist gesorgt.

3 Osterburg Weida: Mit 54 Metern ist der sehr eigen- tümliche Turm der Osterburg der dritthöchste erhaltene Bergfried Deutschlands (lässt sich gut anbellen). Eine Gedenktafel in der Burganlage erin- nert daran, dass hier die Südgrenze des skandina-

vischen Inlandseises während des Quartärs verlief.
Weida gilt als die Wiege des Vogtlandes. Der jähr-
liche Weidsche Kuchenmarkt ist ein Marktfest mit
hoher Anziehungskraft.

4 Schlösser in Greiz: Mehr darüber im Beitrag *Snuff-
Mobbing* von Manfred Köhler.

5 Badewelt Waikiki Zeulenroda: Wasserfreizeitpara-
dies mit Südseeflair, Strand-Cocktails und vielen
Attraktionen in tropischer Umgebung.

6 Rathaus Zeulenroda: Der klassizistische Bau ist für
eine Stadt von der Größe Zeulenrodas … nun, sagen
wir mal: Sehr imposant! Angeblich fand sogar Goethe das Gebäude beeindruckend. Auf dem Turm
des Rathauses befindet sich eine Themis-Statue (die
griechische Göttin der Gerechtigkeit), die von den
Einheimischen ›Gette‹ genannt wird.

7 Karpfenpfeifer-Brunnen Zeulenroda: Auf dem
Marktplatz vor dem Rathaus zeugt der Karpfenpfeifer-Brunnen von der bekanntesten Sage der Stadt,
nach der die Zeulenrodaer Bürger auf die wenig
schmackhaften Karpfen der Herren von Greiz
gepfiffen haben. Die Fische des Karpfenpfeifer-
Brunnens lassen sich übrigens wunderbar anbellen.

8 Pfarrkirche St. Veit Wünschendorf: Die über
1000-jährige Pfarrkirche St. Veit gehört zu den ältesten Kirchen Thüringens. In der Grünanlage um die

Kirche kann der Besucher zwischen alten Gräbern seiner Melancholie nachgehen oder einen schönen Blick ins Elstertal genießen.

9 Wünschendorfer Holzbrücke: Die überdachte, ca. 73 Meter lange Holzbrücke über die Weiße Elster wurde 1786 gebaut. Eine erste Anlage geht bereits bis in das 13. Jahrhundert zurück.

10 Kloster Mildenfurth Wünschendorf: Das Kloster Mildenfurth gilt als eines der ältesten Klöster des Vogtlandes und war einst ein beliebter Wallfahrtsort. Leider ist das Kloster in einem renovierungsbedürftigen Zustand. Direkt daneben befindet sich das Atelier des renommierten Künstlers *Volkmar Kühn*. Mit seinen beseelten Skulpturen im Klostergarten und im Bauch des Klosters hat er ein bizarres Reich geschaffen, das zu Expeditionen einlädt. Mein Herrchen war begeistert. Leider finden sich auch Katzen als Skulpturen und leibhaftig (!) auf dem Gelände.

11 Burgruine Reichenfels (Hohenleuben, Ortsteil Reichenfels): Romantische Ruine mit schöner Aussicht in die vogtländische Landschaft. Ein Museum auf dem Gelände beheimatet unter anderem die älteste und mit rund 35.000 Bänden umfassendste wissenschaftliche Bibliothek heimatgeschichtlicher Literatur des gesamten deutschsprachigen Raumes. Außerdem wartet auf die Besucher das Rasenlabyrinth (besonders gut geeignet zur Paar-Therapie).

ROSA MUSS WEG

PETRA STEPS

Für Alex war gerade eine Welt zusammengebrochen. Er musste untertauchen, weil er seinen Auftrag nicht erfüllt hatte. Dabei hatte er ein halbes Jahr nichts anderes getan, als sich mit Kartoffeln und der Vogtländischen Kartoffelprinzessin Rosa I. zu beschäftigen, um sie rechtzeitig verschwinden zu lassen. »Schaff mir diese Rosa weg«, hatte ihm der Boss damals am Telefon gesagt. Spätestens beim Treffen der Majestäten im Mai in Rehau sollte sie verschwunden sein. Von ›für immer‹ war keine Rede gewesen. Dafür hätte das Honorarangebot auch gar zu lausig ausgesehen. Überhaupt hatte sich sein Auftraggeber sehr bedeckt gehalten und sich nur auf einen Befehl von höchster Stelle berufen. Jetzt war Alex diese »höchste Stelle« auf den Pelz gerückt. Und sie sprach ein verdächtiges Deutsch mit russischem Akzent. Ihm schwante ganz langsam, worauf er sich eingelassen hatte. Zwar stammte er selbst aus Russland, hatte jedoch das Land als Kind verlassen und war in Deutschland heimisch geworden. Oder das, was man hier heimisch nannte. Die Schule hatte er mit Ach und Krach geschafft, nach einer Lehrstelle vergeblich gesucht. Seit Jahren schlug er sich mit Gelegenheitsarbeiten durch. Mitunter waren das auch schmutzige Jobs wie der Auftrag um diese verdammte Kartoffel-Show. Nach einem halben Jahr Arbeit hatte er gedacht, dass endlich der dicke Umschlag mit der

Erfolgsprämie eintreffen würde. So lange hatten ihm die Auftraggeber Zeit gelassen. Statt der Kohle hatte er gestern eine Morddrohung im Briefkasten gefunden. Der Anrufbeantworter hatte die Nachhaltigkeit dieser beunruhigenden Gebärde dokumentiert. Und Rosa war tot.

Alex dachte nach. Irgendetwas musste er bei dem Auftrag falsch verstanden haben, nur was?

Ende November hatte er angefangen, sich mit der Kartoffel, ihren Hoheiten und dem Vogtland zu beschäftigen. Dabei war ihm schnell klar geworden, welchen Stellenwert die tolle Knolle bei den als zänkisches Bergvolk verschrienen Vogtländern hatte. Die Vogtländer – ein Völkchen im Vierländereck Sachsen/Thüringen/Bayern und Böhmen, das nur zögerlich seine Gemeinsamkeiten begriff. Die Kartoffel war ein verbindendes Element, denn als der Alte Fritz den Kartoffelanbau per Dekret verordnet hatte, futterten die Vogtländer längst Kartoffelsuppe und grüne Klöße. Sie waren eine ganz besondere Symbiose eingegangen, die Vogtländer und ihre Erdäpfel. Das hatte Alex bei seinen Recherchen erfahren, denn ohne gründliche Vorbereitung ging er niemals an einen Auftrag.

Er hatte das Internet nach Informationen zu Rosa durchforstet. In schillernden Farben war ihre Wahl zur ersten Kartoffelprinzessin des Vogtlandes beschrieben worden. Die junge Frau war nach dem Studium in ihre Heimat zurückgekehrt und hatte in einer Agrargenossenschaft mit Kartoffelanbau zu arbeiten begonnen. Ihr Wirkungskreis lag in der Nähe des Vogtländischen Knollensteiges **12**, den die Mitglieder des Vogtländischen Knollenrings als lehrreichen Wanderweg zwischen Hundsgrün und Tirschendorf angelegt hatten.

Um die Kartoffelprinzessin kennenzulernen, hatte sich Alex für die über acht Kilometer lange Wanderung angemeldet und war an einem Samstagmorgen extra mit der Vogtlandbahn nach Hundsgrün gefahren. Er hätte sie auch ohne ihr gold-weißes Kleid mit schwarz-gelber Schärpe erkannt. Dafür hatte ihr rotgoldenes Haar gesorgt, das wie brennendes Kartoffelkraut in der Abendsonne leuchtete. Inzwischen wusste er, dass die anderen Hoheiten mit ihren blonden Fäden oder den braunen Pferdeschwänzen langweilig aussahen im Vergleich zur Herrin der Knolle aus dem Vogtland. Damals hatte er aufpassen müssen, dass er sich nicht in sie verliebte, denn so etwas war bei Jobs wie diesem grundsätzlich tabu.

Eine frühere Schulfreundin hatte er zur Kartoffel- und Weinverkostung der besonderen Art in Gündels Kulturstall **13** eingeladen, weil die Prinzessin dort einen ihrer legendären Auftritte hatte. Das war schwer genug bei einer kabarettistischen Veranstaltung, die mit so viel Begeisterung gestaltet wurde. Sie hatte es trotzdem geschafft, durch ihr brillantes Wissen gepaart mit natürlichem Charme. Wegen seiner weiblichen Begleitung war Alex unter den anwesenden Paaren kaum aufgefallen. Eigentlich waren Kartoffeln mit Quark oder Leberwurst und Wein so gar nicht sein Ding, aber er hatte sich im umgebauten Kuhstall wohlgefühlt und es den anderen Gästen gleichgetan. Drei Stunden hatte das Programm gedauert, bei dem die Hausband *Vinotheker* Kartoffeln und Wein besang oder besprach. Bei der Führung des Hausherrn durch den Weinkeller war Alex wie zufällig mit der Prinzessin ins Gespräch gekommen. Er war sicher, dass Rosa ihn nicht wiedererkennen würde, wegen der Dunkelheit im Gewölbekeller. Und wenn, dann würde er sich etwas einfallen lassen.

Im zweiten Schritt seiner Vorbereitungen hatte er sich um die anderen Hoheiten gekümmert, zumindest virtuell. Er hatte Kartoffelprinzessinnen in Westfalen und im Odenwald gefunden, in Niedersachsen und im Münsterland, in Rotenburg und im Kartoffeldorf Heichelheim bei Weimar. Es gab die Rheinische Kartoffelkönigin und die Bayrische, die Genthiner Hoheit und die Wolfsburger. Einige Regionen hatten gleich beides – Prinzessin und Königin. Und nun sollte es in Rehau die Jubiläums-Wahl der gesamtdeutschen Hoheiten geben. Die Bestimmung des Austragungsortes kam nicht von ungefähr. Im Rehauer Ortsteil Pilgramsreuth **14** soll Hans Rogler 1647 die ersten Kartoffeln im Vogtland angebaut haben. Ein Denkmal gleich neben der Kirche erinnert daran. Alex hatte im Winter eine Recherchetour unternommen. Dabei hatte er sich die beiden Figuren mit dem Kartoffelkorb gut angeschaut. Die Frau buckelt auf den Knien im Acker und liest die Kartoffeln in den Korb. Der Mann steht hinter ihr, auf einen Stock oder ein Grabegerät gestützt. Der große Interpretationsspielraum hatte ihn noch während der Rückfahrt beschäftigt. Alex hatte gelesen, dass der vogtländische Kartoffelanbau sogar noch älter sein könnte, als es die Jahreszahl auf dem Denkmal vermuten ließ. Es hieß, dass der Pilgramsreuther Bauer sein Saatgut aus Roßbach im Ascher Ländchen mitgebracht haben soll, also aus dem böhmischen Zipfel des Vogtlandes. Alex hatte gestaunt, was die Kartoffel im Vogtland lange vor dem Kartoffelbefehl von Friedrich dem Großen im Jahre 1756 für eine

Bedeutung hatte. Tatsächlich hatten die Vogtländer als Erste in Deutschland den feldmäßigen Anbau der Kartoffel betrieben und nicht die Preußen, wie es landläufig hieß! Mehr als 100 Jahre früher. Griegeniffte, also Grüne Klöße, Bambes, eine Art Kartoffelpuffer und Kartoffelkuchen frisch aus der Röhre halfen schon gegen Ende des Dreißigjährigen Krieges, die Hungersnot zu lindern. Clever waren sie, diese Vogtländer, fand Alex. 2012 hatten die Rehauer dem Alten Fritz posthum ihren Ehrenpreis ›Goldene Kartoffel‹ verliehen und damit für Wirbel in ganz Deutschland gesorgt. Dass der Geehrte nicht persönlich erscheinen konnte, war nebensächlich. Es wurde in allen Gazetten über die Vogtländer als Kartoffelpioniere geschrieben, Fernseh- und Rundfunkreporter hatten über das Ereignis berichtet, nur das zählte.

Sein Wissen sollte Alex helfen, als es im Mai ernst wurde. Die Aufgabe war für ihn klar umrissen. Rosa I. sollte weg und den Titel der Deutschen Hoheit nicht erringen. Zum Glück war der Winter mild gewesen, als Alex sich schon einmal in Rehau und Umgebung umgeschaut hatte. Der Große Kornberg **15** hatte wegen des gut sichtbaren Gipfels mit dem ehemaligen Aufklärungsturm der Bundeswehr sein Interesse geweckt. Als er dorthin gefahren war, hatte Schnee gelegen. Alex hatte einen Weg gesucht, auf dem er möglichst nah an den Berg herankommen konnte. Sein Smartphone hatte ihm Auskunft gegeben und den Zugang über Dörflas bei Kirchenlamitz empfohlen. Dort hatte er vergeblich nach einem Parkplatz Ausschau gehalten und seinen Wagen in einer Seitenstraße abgestellt, ehe er den mit einem roten Viereck und einem N markierten Nordweg des Fichtelgebirgsvereins 16 eingeschlagen hatte. Bei der Beschreibung hatte er etwas von einer Ruine namens Hirschstein gelesen. Er hatte erkunden wollen, ob sich die Ruine als Versteck für Rosa eignete. Bei ziemlich miesem Wetter hatte er den Aufstieg durch den Wald begonnen. Der Karte am Fuße des Berges fehlten die Entfernungsangaben. Nach einer gefühlten Ewigkeit hatte er einen Pfeil gefunden, der die Richtung zu den Zigeunersteinen zeigte. Ehe er sich die Frage nach der politischen Korrektheit des Namens stellen konnte, hatte er den Wackelstein 17 entdeckt, neben dem ein dünner Baumstamm lag. Alex kannte Wackelsteine von anderen Orten. Meist waren dort Schilder angebracht, die das Phänomen erklären und Tipps für die Technik zum Bewegen des Steins gaben. Das hatte er hier vermisst. Überhaupt hatte er die Nase voll von dem Fußmarsch, denn eine Ruine, die so weit von der öffentlichen Straße entfernt war, eignete sich kaum als Versteck. Wie hätte er Rosa dorthin bringen sollen, ohne sich verdächtig zu machen? Er war zum Auto zurückgegangen und hatte eine andere Zufahrt zum Berg gesucht.

Unterwegs in Richtung Schönwald war ihm ein Schild mit der Aufschrift Schloss Sophienreuth 18 aufgefallen. Von Weitem war ihm das Gebäude leer erschienen, doch auf dem Weg hatte er ein altes Konzert-Plakat erblickt. Er konnte also nicht sicher sein, dass er im Mai hier allein war. Deshalb war er weitergefahren. Nach kurzer Zeit hatte er bemerkt, wie sein Magen knurrte. Im Örtchen Grünhaid hatte er direkt an der Straße zwei Gaststätten, eine Freizeitanlage und einen Campingplatz 19 entdeckt. Überrascht war er von dem

Ferienschiff mitten im Binnenland, das man für seinen Aufenthalt mieten konnte. Er hatte sein Auto auf den Parkplatz gelenkt und sich in das Restaurant auf der gegenüberliegenden Seite begeben. Ein Schnitzel mit Pommes und ein leichtes Weizen später war er weitergefahren, um nahe dem leider geschlossenen Gasthaus Vorsuchhütte am Kornberg zu parken. Beim Mittagstisch hatte er gehört, dass der Aufstieg auf dieser Seite des Großen Kornbergs wesentlich kürzer war, vor allem wenn man die neu geschaffene Skipiste [20] benutzte. An der Kornberghütt'n gleich neben der Piste hatte er sich ein Heißgetränk geholt und beschlossen, die Gegend im Frühjahr weiter zu erkunden. Auf dem Rückweg war ihm die etwas abseits gelegene Unterkunft der Bergwacht Rehau aufgefallen. Dabei hatte er die erste zündende Idee, seit er in der Gegend unterwegs war. Im Mai würde es hier keinen Schnee und keinen Liftbetrieb mehr geben. Die Bergwacht dürfte also keinen Dienst mehr schieben. Er hatte die GPS-Koordinaten der Hütte in seinem Smartphone gespeichert und vergnügt die Heimreise angetreten. Die verbleibende Zeit bis zum Hoheitstreffen im Mai nutzte er für umfangreiche Recherchen und ein paar Begegnungen mit Rosa im Rahmen von größeren Events, bei denen sie ihn möglichst nicht wahrnehmen sollte.

Als er Anfang April nach Rehau zurückgekehrt war, startete er sofort zu einem ersten Rundgang durch die Altstadt. Er wollte die Stadt und das Umfeld recht genau kennen, bevor die Kartoffel-Hoheiten das Terrain in Besitz nehmen und ihre Wettbewerbsaufgaben erfüllen würden. Hatte er auf der Autobahn noch nichts mit dem Schild ›Rehau Modellstadt Bayerns‹ **21** anzufangen gewusst, so war ihm hier schnell klar geworden, dass die Straßen und Plätze ein Ergebnis von Entwürfen auf dem Reißbrett waren. Am Maxplatz befanden sich mehrere Tafeln, die von den großen Stadtbränden berichteten. Nach dem letzten Stadtbrand 1817 war die Stadt neu angelegt worden, was man mit Kenntnis des Stadtplanes genau nachvollziehen konnte. Alex hatte in Erwartung üppiger Spesen im besten Haus am Platz übernachtet, um sich am nächsten Tag auf Museumstour zu begeben. Nach dem Gewaltakt mit Besichtigung der Museen am Maxplatz, der Mechanischen Werkstätte am Angergässchen **22** und des Kunsthauses samt Skulpturengarten **23** hatte er den Abend bei fränkischem Bier und Rehauer Bratwürsten mit Sauerkraut verbracht. Er war früh zu Bett gegangen, denn sein Programm für den nächsten Tag war gespickt mit mehreren Stationen, die er abfahren oder ablaufen wollte.

Sein Weg hatte ihn erneut zum Großen Kornberg geführt. Dort angekommen, hatte er den Aufstieg über die Piste genommen und war so zur Schönburgwarte auf dem Gipfel gelangt. Von der Plattform des Turmes aus war sein Blick zuerst am Horizont entlang und dann ins Tal geschweift. Seine Winterentdeckung war ihm als Versteck für die Kartoffelprinzessin aus dem Vogtland immer noch brauchbar erschienen. Nun musste er nur noch die Rehauer Kartoffeltage abwarten und im passenden Moment zuschlagen. Die Stadt war bereits mit Werbung überhäuft. Überall lagen Faltblätter und hingen Plakate. Jeder wollte irgendwie dabei sein. Am Morgen hatte er sich an der Information im Mehrgenerationenhaus am Maxplatz nach dem Programm der Kartoffeltage und der Hoheiten erkundigt und einen kurzen Ablaufplan erhalten. Höhepunkt des Festes sollte der Samstagabend mit dem großen Fest und der Auszeichnung der Hoheiten sein, doch der würde ohne Rosa stattfinden. Dessen war er ganz sicher. Bis zu seinem großen Auftritt waren es noch knapp sechs Wochen. Die hatte er zu Hause oder mit kleineren Aufträgen verbracht.

Alex war bereits zwei Tage vor den Hoheiten in Rehau angereist und hatte sich die wichtigsten Stationen der Kartoffel-Rallye angeschaut. Einige kannte er schon von seiner Recherchetour. Der Volontärin des Organisationsbüros hatte er bei einer Piña Colada Einzelheiten zu den Aufgaben entlockt. Er konnte kaum fassen, wie einfach das gewesen war. Mit ein paar billigen Komplimenten hatte er sie an die Bar des Hotels eingeladen, als er sie nach einer Besprechung zu den Hotelbuchungen allein in der Lobby gesehen hatte. »Ich warte auf unseren Teamleiter. Wir wollen noch ein paar Dinge für die Wahl der Königin besprechen«, hatte sie ihm bereitwillig erzählt, nachdem er sich zu ihr gesetzt hatte. Der Teamleiter verspätete sich, dafür sprudelten die Neuigkeiten wie aus einer Quelle, und Alex musste sie nur aufsaugen. »Stell dir vor, die müssen ganz blöde Aufgaben erledigen, mit Kunst und so. Was das mit den hässlich braunen Knollen zu tun hat, weiß ich nicht, aber ich esse eh keine Kartoffeln. Und Bilder oder gar Schriftsteller interessieren mich überhaupt nicht. Mein Freund, der fährt eine Harley...«, quasselte sie weiter und nahm die Nachfragen von Alex kaum wahr.

Ein bisschen sehr blond, dachte sich der und hatte nach einem Glas genug von der hirnlosen Schönheit.

An den folgenden Tagen waren die Prinzessinnen und Königinnen nach und nach in Rehau angekommen und hatten sich mit dem Ort und ihren Aufgaben vertraut gemacht. Manche Dinge waren einfach lächerlich, aber bei solchen Veranstaltungen normal. Anfangs war jede Hoheit auf sich selbst gestellt. Dann standen sogenannte kollektivbildende Maßnahmen im Mittelpunkt des Treibens. Zum Abschluss sollten die Hoheiten auf einer interaktiven Karte Standorte des Kartoffelanbaus mit belastbaren Jahreszahlen und Namen eintragen. Das hatte etwas Pennälerhaftes.

Alex hatte Rosa einen ganzen Tag lang so unauffällig wie möglich verfolgt. Die Hoheiten sollten mithilfe ausgewählter Rehauer aus den von zu Hause mitgebrachten Kartoffelrezepten etwas kreieren. Sie musste den Küchenchef vom Mehrgenerationenhaus am Maxplatz nicht lange zum Mitmachen überreden. Die Rehauer Kochkünstler waren durch das Orgbüro unterrichtet und kannten die Anforderungen besser als die Themenadligen, die gerade Neuland betreten hatten. Als der Küchenchef gehört hatte, dass Rosa nahe der Rehauer Partnerstadt Oelsnitz wohnte und arbeitete, sagte er sofort zu. Neben vogtländischer Kartoffelsuppe und Rouladen mit grünen Klößen gehörten Quarkkeulchen als Dessert zu ihrem Drei-Gänge-Menü, das wie die Kreationen der anderen Hoheiten gemeinsam verkostet und bewertet wurde. Zuvor hatte Rosa im Kunsthaus eine Ausstellung mit konstruktiver Kunst besichtigt. Laut Aufgabenstellung war dort ein Kunstwerk auszuwählen, das die Kandidaten in einer schriftlich fixierten Interpretation mit der runden Knolle verbinden sollten. Rosa hatte eine Installation aus verschiedenen geometrischen Figuren ausgewählt und ihnen den Weg der Kartoffel ausgehend von der Entdeckung in Südamerika bis zum heutigen Anbau in fast ganz Deutschland zugeordnet. Mit der konkreten und visuellen Poesie im Kunsthaus hatte der nächste Auftrag nicht unmittelbar zu tun. Rosa vermutete jedoch, dass die Jury durch das Museum oder das Wort Poesie inspiriert worden war. Ein Kartoffelgedicht sollte geschrieben werden, möglichst eins, das man als Liedtext verwenden konnte. Das Dichten lag Rosa nicht so. Die Kartoffel in eigene Verse zu pressen, war ihr deshalb gründlich misslungen. Es war eher ein ›Reim dich oder ich fress dich‹-Gedicht entstanden. »Kartoffeln haben alle gern, egal ob nah oder fern. Die Mama kocht die tolle Knolle, der Papa futtert sich den Bauch ganz volle …« Siegverdächtig klang das nicht, aber die Aufgabe war erfüllt. Im Jugendzentrum sollte sie mindestens sechs Kinder und Jugendliche gleichzeitig mit dem Thema Kartoffel beschäftigen. Dafür hatte sie ein paar Kartoffeln, Pinsel, Stofffarbe und weiße T-Shirts geordert. Sie ließ die Teilnehmer Kartoffelstempel schnitzen und die Shirts damit bedrucken. Alle hatten ihren Spaß. Dann wurden gemeinsam Begriffe gesucht, die mit Kartoffeln in Verbindung standen. Alex hatte unauffällig zugehört, wie die Einheimischen Rosa Worte zuriefen, die sie notierte. Am Ende hatte sie die stattliche Anzahl von 317 Wörtern in ihrem Notizbuch stehen. Das musste erst einmal jemand nachmachen! Bratkartoffeln, Salzkartoffeln, Pellkartoffeln, Kartoffelkönig, Kartoffelhaus, Kartoffelkäfer, Kartoffelacker, Kartoffelsorte, Kartoffelturm ... Es gab so viele Kartoffelwörter! Auch ein paar sinnlose Begriffe wie Kartoffelbraut oder Kartoffelreichtum waren dabei. Der Begriff Reichtum hatte Alex wieder an den Grund seiner Anwesenheit erinnert.

Es war bereits dunkel gewesen, als Rosa nach dem abendlichen Treffen der Hoheiten zu ihrer Unterkunft laufen wollte. Sie hatte ihr Zimmer etwas außerhalb gebucht und für den niedrigen Preis lieber ein paar Minuten Fußmarsch auf sich genommen.

Alex hatte in einer Seitenstraße auf die Prinzessin gewartet und ihr einen in Chloroform getränkten Lappen ins Gesicht gedrückt. Es dauerte nicht lange, bis Rosa bewusstlos in seine Arme gesunken war. Er nahm das Fliegengewicht auf den Arm und ging damit die paar Schritte bis zum Auto. Dort setzte er Rosa behutsam auf den Beifahrersitz, schnallte sie an, erneuerte den Chloroformlappen und fuhr mit ihr zur Bergwacht am Kornberg. Bei seinem letzten Besuch hatte er sich auf der Rückseite Zugang verschafft und den Zweitschlüssel mitgehen lassen. Ein paar Lebensmittel hatte er bei seinem Kontrollgang vor zwei Tagen vorsichtshalber hier gelagert. Die Fesseln und den Knebel legte er Rosa ziemlich locker an, denn er wollte sie nur vorübergehend aus dem Verkehr ziehen und nicht umbringen.

Der Ausflug und das Fest am Samstagabend hatten wie von ihm geplant ohne Rosa stattgefunden. Ihr Verschwinden war erst nach der Tour in den Ortsteil Pilgramsreuth aufgefallen. Mitarbeiter des Organisationsbüros hatten sich im Hotel umgehört und erfahren, dass die Kartoffelhoheit ihr Bett in der letzten Nacht nicht benutzt hatte. Rosa war weg, ihr Handy ausgeschaltet. Die Show war ohne sie weitergegangen. Alex hatte sich darauf verlassen, dass sie innerhalb kurzer Zeit am Kornberg gefunden werden würde. Seinen Auftrag glaubte er erledigt, denn die Wahl der Deutschen Kartoffelkönigin konnte Rosa nicht mehr beeinflussen. Das Vogtland hatte wieder einmal verloren. Alex auch, nur wusste er das zu diesem Zeitpunkt noch nicht. Als er das Hotel verließ, wartete der nächste Gast bereits darauf, dass sein Zimmer frei wurde. Er gehörte zur Journalistenmeute, die deutschlandweit über ein besonderes Ereignis berichtete. Nach der Morddrohung hatte Alex Rosa und Pilgramsreuth in die Internetsuchmaschine eingegeben. Fassungslos hatte er auf die vielen Einträge geblickt. Er hatte mehrere Meldungen gelesen und sich den Rest zusammengereimt. Inzwischen schwante ihm etwas.

Am Tag nach der Krönung hatten sich die Hoheiten erneut auf Pilgramsreuther Flur begeben. Dort wurde das Legen der Kartoffelsorte Rosa mit einem zünftigen Frühschoppen gefeiert. Die Sorte mit der roten Schale und dem weißen Fleisch liebten die Bauern wegen des hohen Ertrags. Trotzdem sollte sie von den Äckern verschwinden. Das Unternehmen Knollo Knollanum hatte viel Geld investiert, um vorhandene Saatkartoffeln aufzukaufen und zu vernichten. Der Kartoffel-Mogul wollte eine Neuzüchtung auf den Markt bringen, an der er etliche Jahre experimentiert hatte. Viele Bauern waren bereits auf seine vollmundigen Versprechen hereingefallen und hatten Rosa fast freiwillig aus ihrem Anbauprogramm verbannt, andere gegen gewisse Geschenke. Nur die Pilgramsreuther hatten sich gegen ihn aufgelehnt, als er Rosa aus dem Katalog gestrichen hatte.

Das alles musste Alex irgendwie entgangen sein. Dafür dauerte es nicht lange, bis Knollo Knollanum den Irrtum seines Kartoffelkillers bemerkt hatte. Statt einer Bezahlung ließ er ihm Morddrohungen schicken. Bei seinen Nachforschungen hatte Alex auch erfahren, was seiner Kartoffelprinzessin widerfahren war. Rosa I. wurde nach drei Tagen in ihrem Gefängnis auf Zeit gefunden. Ihr Tod war der Aufmacher des Lokalblattes. Auch die überregionalen Zeitungen berichteten vom Schicksal der Vogtländerin. Was mit Rosa geschehen war, konnte sich Alex nicht erklären. Die Presse hatte keine Einzelheiten veröffentlicht. Das deutete auf ein Gewaltverbrechen hin. Entweder hatte sie sich saudumm angestellt, oder es gab den großen Unbekannten. ›Es kann nur jemand dort gewesen sein und sie umgebracht haben‹, redete er sich immer wieder ein, denn er hatte sie ja nur vorübergehend aus dem Verkehr ziehen wollen. Alex hatte seinen Auftraggebern nach reiflicher Überlegung ein Angebot gemacht und um eine zweite Chance gebeten, während die Kartoffelsorte Rosa den Siegeszug auf den Feldern um Rehau antrat und seine Beteuerungen lächerlich erscheinen ließ. Das große Geschäft von Knollo Knollanum war erst einmal gescheitert – am Zusammenhalt der Vogtländer in Oberfranken. Gescheitert war auch der Hobbykriminelle Alex, dessen Leiche an einem Saalewehr hängen geblieben war und erst im Hochsommer gefunden wurde.

12 Vogtländischer Knollensteig: Der Vogtländische Knollensteig ist ein 8,1 Kilometer langer Kartoffellehrpfad, der vom Verein Vogtländischer Knollenring e. V. betreut wird. Er befindet sich im Vogtlandkreis zwischen den Ortschaften Hundsgrün und Tirschendorf. Auf 16 Tafeln erfährt der Besucher Wissenswertes über die Kartoffel und den Anbau im Vogtland.

13 Gündels Kulturstall: Im Reichenbacher Ortsteil Rotschau hat Familie Gündel einen Familienhof. Für die Inhaber steht alles im Zeichen der Kartoffel. Sie bauen ungezählte Sorten an und sichern damit die Erhaltung. Die traditionelle Kartoffelernte wie in Omas Zeiten sowie die Kartoffel- und Weinverkostungen der besonderen Art haben Kultcharakter. Im Kartoffelshop gibt es verschiedene Sorten zu kaufen. Beiträge des Kartoffel-TV auf der Website informieren über das aktuelle Geschehen. Gündels trifft man bei allen möglichen Aktivitäten rund um die Kartoffel, auch auf der Grünen Woche.

14 Pilgramsreuth: Pilgramsreuth ist ein beschaulicher Ortsteil von Rehau, der als Ursprung der vogtländischen Kartoffel gilt. Ein Denkmal im Kirchhof erinnert an den ersten Kartoffelbauern Hans Rogler, dessen Name in Verbindung mit dem Kartoffelanbau im Jahr 1647 schriftlich belegt ist. Die evangelisch-lutherische Pfarrkirche vereint gotische Fresken mit barocken Malereien und spätgotischen Holzfiguren.

15 Großer Kornberg: 827 Meter hoher Granitberg im Nordwesten des Fichtelgebirges unweit von Rehau, erkennbar durch den Aufklärungsturm der Bundeswehr aus der Zeit des Kalten Krieges. Wer die 114 Stufen der Schönburgwarte hochsteigt, kann bei entsprechendem Wetter eine wunderbare Aussicht genießen.

16 Wanderwege des Fichtelgebirgsvereins – Der Nordweg: Der Nordweg führt auf 65 Kilometer Länge von Kulmbach in Richtung Selb/Staatsgrenze zu Tschechien. Der hier beschriebene Teil verläuft von Niederlamitz/Dörflas über die Zigeunersteine und den Wackelstein zur Ruine Hirschstein und von dort weiter auf den Gipfel des Großen Kornbergs. Der Abstieg erfolgt über die gegenüberliegende Seite in Richtung Vorsuchhütte–Brunn.

17 Wackelstein: Wackelsteine sind Felsblöcke, die auf steinernem Grund aufliegen und sich mit wenig Muskelkraft bewegen lassen. Sie entstehen durch die Wollsackverwitterung, eine chemische und physikalische Zersetzung. Der Wackelstein am Kornberg ist aus Granit und etwa 250 Tonnen schwer.

18 Schloss Sophienreuth: Das Schloss wurde 1777 erbaut und ab 1871 durch den königlich-sächsischen Kammerherrn Armin auf Planitz bei Zwickau (Sachsen) umgestaltet. Nach einem Brand 1919 erfolgte der Wiederaufbau mit Erweiterung. Das Schloss kann in der Regel nicht besichtigt werden. Zum Komplex gehören zum Teil restaurierte Wirtschafts- und Nebengebäude sowie eine denkmalgeschützte Allee aus der Zeit um 1780. Um das Schloss führt ein Wanderweg von Rehau durch das Perlenbachtal nach Sophienreuth und über das Tännigstal und Fohrenreuth zurück.

19 Grünhaid: Ortsteil von Schönwald, direkt an der B 93 zwischen Rehau und Selb, mit dem Gasthof Turm inklusive Campingplatz samt Ferienschiff und Spielpark (teilweise Indoor). Der Spielplatz ist für Hotel-, Campingplatz- und Restaurantgäste kostenlos.

20 Skizentrum/Trail-Netz Großer Kornberg: 2012 neu gebauter Ski-Lift mit Flutlichtanlage, zwei Abfahrtsstrecken über 700 Meter und 17 Prozent Gefälle, der gleich unterhalb des Aussichtsturms Schönburgwarte beginnt. Dazu Kleinskilift mit Übungshang sowie gespurte Loipen. Anspruchsvolles Mountainbike-Gebiet – manchmal nicht ganz ungefährlich für Wanderer. Über den Kornberg verläuft die Grenze der Landkreise Hof und Wunsiedel/Fichtelgebirge. Der Berg befindet sich also nicht komplett im Vogtland, was Ausflügler jedoch nicht stören dürfte.

21 Modellstadt Rehau: Nach dem großen Stadtbrand 1817 im Folgejahr wiederaufgebaute Stadt. Baukonduktor Baumann entwickelte dafür am Reißbrett einen Plan nach neuesten städtebaulichen Erkenntnissen. Die Rehauer profitieren noch heute von der großzügig angelegten Innenstadt mit breiten Straßen, großen Plätzen, viel Grün.

22 Museen und Ausstellungen in Rehau: Museum am Maxplatz mit umfangreicher stadtgeschichtlicher Sammlung, Ascher und Schlesischer Heimatstube, Rossbacher Weberstube und dem Ascher Archiv. Die Mechanische Werkstätte Gelius erinnert an die Geschichte der Metallbearbeitung ab 1871. Hier lernte Dr. h. c. Hans Vogt (1890 bis 1979), einer der Erfinder des heute noch gebräuchlichen Lichttonverfahrens für Tonfilme.

23 Kunsthaus Rehau: Das Kunsthaus mit dem Institut für Konstruktive Kunst und Konkrete Poesie und dem Archiv Eugen Gomringer gehört der Stadt Rehau. Es ist im früheren Schulhaus untergebracht. Ein gepflegter Skulpturenpark lädt zum Spaziergang ein.

TOD IN KLEIN SIBIRIEN

MAREN SCHWARZ

Hätte sich Norbert Reichenberg an diesem Januartag einen Moment Zeit genommen, um auf die mahnende Stimme in seinem Kopf zu hören, wäre vielleicht alles anders gekommen. Stattdessen beschloss er seine Bedenken auf dieselbe Art zu ignorieren wie seine Skrupel. Dabei konnte Norbert sich eigentlich glücklich schätzen. Er besaß alles, was sich ein Mann wünschte: Einen gut bezahlten Job, eine liebevolle Ehefrau und zwei reizende Kinder. Und doch gab es da etwas, was ihn all das aufs Spiel setzen ließ. Es war der Reiz des Unbekannten. Jener ultimative Nervenkitzel, wie man ihn nur in Extremsituationen erlebte. Das dabei freigesetzte Adrenalin ließ ihn zu Hochtouren auflaufen. Es war ein unbeschreibliches Gefühl. Ein Gefühl, das Norbert zum ersten Mal beim Bungeesprung von der Europabrücke erfahren hatte. So lebendig hatte er sich nie zuvor gefühlt. In diesem euphorischen Zustand war ihm Stefanie über den Weg gelaufen. Stefanie, die wie er die Gefahr liebte. Für die es keine Tabus gab und die ihm den besten Sex seines Lebens beschert hatte. Statt die Sache als einmaligen Ausrutscher zu betrachten, verliehen die seither an Stefanies Seite bestandenen Abenteuer seinem Leben einen völlig neuen Sinn. Diesmal wollten sie sich in einer abgelegenen Waldhütte treffen. Es war Stefanies Idee gewesen. Und Norbert hatte ihr zugestimmt. Auch wenn die damit verbundene Herausforderung nicht gerade das war, was er sich vorgestellt hatte. Was sollte bei einer Skitour schon Aufregendes passieren? Er hatte sich nur darauf eingelassen, weil ihm nichts Besseres eingefallen war. Zumal sie von Wildwasserpaddeln bis hin zum Wüstentrekking nahezu alles ausprobiert hatten. Das zu toppen, war nicht leicht.

Dabei sollte sich zeigen, dass das Wetter durchaus noch zur Herausforderung werden sollte. Als Norbert Reichenberg mit aufgedrehtem Gebläse von zu Hause losfuhr, lag die Außentemperatur bei minus 27 Grad. Der Wetterbericht warnte vor umfangreichen arktischen Luftmassen. Bei solchem Wetter schickte man normalerweise keinen Hund vor die Tür. Der Meinung war auch der Tankstellenangestellte, der gegen 18 Uhr im tschechischen Kraslice **24** sein Geld entgegennahm. Er sei seit mehreren Stunden der einzige Kunde, der sich bei diesem Wetter heraustraue, hatte er ihm in gebrochenem Deutsch zu verstehen gegeben. Doch Norbert ignorierte den besorgten Tonfall in seiner Stimme mit dem lapidaren Hinweis, dass so ein bisschen Kälte noch niemandem geschadet habe. Inzwischen hatte er den deutsch-tschechischen Grenzübergang passiert. Heute wollte Norbert nicht in die Rundkirche ›Zum Friedefürsten‹ **25**, wie bei seinem letzten Aufenthalt hier, als er mit seiner Frau das Weihnachtsoratorium gehört hatte. Nein, seine Absicht war ganz und gar nicht fromm. Nachdem er den Kreisverkehr auf Klingenthaler Seite hinter sich gelassen hatte, streifte sein Blick das Navi und seine Miene verdüsterte sich.

Ausgerechnet heute musste es ihn im Stich lassen. Zum Glück lag im Handschuhfach ein alter Straßenatlas. Doch sich anhand der Karten zu orientieren, war für Norbert, der sich bislang stets auf sein Navi verlassen hatte, gar nicht so einfach und deshalb auch gründlich schiefgegangen. Er war falsch abgebogen. Es dauerte eine Weile, bis er den Irrtum bemerkte. Statt der Hauptstraße in Richtung Aschberg mit seinem Wanderaussichtsturm 26 zu folgen, war er nach links zur Vogtlandschanze 27 gefahren, die er nur aus dem Fernsehen kannte. War er hier wirklich richtig? Hätte er nicht in Mühlleithen an Skilift und Sommerrodelbahn 28 vorbeifahren müssen? Als er ein paar Kilometer weiter das Ortseingangsschild von Muldenberg passierte, dem weit über seine Grenzen hinaus bekannten Flößerdorf 29 , wusste er, dass er sich verfahren hatte. Einen Moment lang erwog Norbert umzukehren. Ein Blick in die Karte zeigte ihm, dass er einen Umweg gefahren war. Doch der ließ sich wettmachen, indem er der Straße nach Hammerbrücke folgte. Der darauffolgende Ort hieß Jägersgrün. Von dort aus war es nur noch ein Katzensprung bis nach Rautenkranz. In der Frischhütte mit ihrer Bowlingbahn 30 hatte er einmal ein Wochenende mit seiner Clique verbracht. Befand sich in den Wäldern dazwischen nicht auch der Waldpark Grünheide 31 ? Obwohl es ein paar Jahre her war, konnte Norbert sich noch gut an das in der Nähe des Vogtlandsees 32 gelegene Kinder- und Jugenderholungszentrum erinnern. Es musste an die fünf Jahre her gewesen sein, dass sein Sohn in den Sommerferien an einem Fußballcamp in besagtem Waldpark teilgenommen hatte.

In diesem Moment tauchte vor Norbert das Ortseingangsschild von Rautenkranz auf. Dem Geburtsort von Sigmund Jähn, der am 26. August 1978 als erster Deutscher ins All gestartet war. Bevor Norbert den Kreisverkehr in Richtung Morgenröthe verließ, erhaschte er einen Blick auf das neue Gebäude der Deutschen Raumfahrtausstellung **33**. Kurz darauf kamen die ersten Häuser von Morgenröthe in sein Blickfeld. Der Ort lag abgeschieden im Tal der Großen Pyra und war bekannt durch die ehemalige Glockengießerei **34**. Das Industriedenkmal kannte er, doch heute konnte er es nicht sehen. Je weiter er vorankam, desto enger und unpassierbarer wurde die Straße, an deren Rändern sich der Schnee türmte. Es hatte die letzten Tage fast ununterbrochen gestürmt und geschneit. Inzwischen hatte sich der Schneefall zwar gelegt, dafür war es bitterkalt. Laut Wettervorhersage stand die kälteste Nacht des Winters bevor. Mittlerweile hatte Norbert die etwas weiter südlich im gleichen Tal gelegene Siedlung Sachsengrund **35** mit ihren malerischen Häusern erreicht. Endlich war Skifahren angesagt. Norbert stellte seinen Jeep an der Gaststätte Weidmannsheil ab. Als er die Autotür öffnete, schlug ihm ein Schwall arktische Luft entgegen. Die Kälte traf sein Gesicht wie eine Ohrfeige und trieb ihm Tränen in die Augen. Das war ja noch frostiger, als er befürchtet hatte. Schnell schloss er die Tür. Vielleicht wäre es besser gewesen, die Sache abzublasen. Norbert hatte den Gedanken noch gar nicht zu Ende gedacht, als er ihn auch schon verwarf und sich einen Ruck gab. Das bisschen Kälte würde er die letzten Meter auch noch überstehen. Selbst das man Sachsengrund auch als Klein Sibirien bezeichnete, konnte ihn nicht mehr zurückhalten.

Ein Blick auf die Uhr am Armaturenbrett zeigte ihm, dass es kurz nach 19 Uhr war. Bevor Norbert ausstieg, studierte er nochmals die Karte, die Stefanie ihm zuge-mailt hatte. Eine dünne Linie schlängelte sich bergauf, zu einem mit Bleistift markierten Punkt, an dem sich die Hütte befand: schätzungsweise fünf bis sechs Kilome-ter von seinem jetzigen Standort entfernt. Eine Entfer-nung, die er jeden Morgen vor dem Frühstück lief. Das sollte zu schaffen sein. Er würde sich einfach die Skier anschnallen und loslaufen. Hauptsache, er blieb in Bewe-gung. Die Kälte, die sich durch seine mit Fleece gefütterte Kleidung fraß, trieb ihn zur Eile an. Er öffnete den Kof-ferraum, um die Langlaufskier herauszuholen. Während Norberts Atem in der eisigen Luft zu kleinen Wölkchen kondensierte, dachte er an ein prasselndes Kaminfeuer, an die Wärme einer Sauna, an gutes Essen und ein Glas Wein. Wie aufs Stichwort begann sein Magen zu knur-ren. Es war Stunden her, seit er etwas gegessen hatte. Ein Fehler, wie ihm jetzt bewusst wurde. Einen wehmüti-gen Augenblick lang sah er hinüber zu den hellerleuch-teten Scheiben der nahe gelegenen Gaststätte. Das Essen würde warten müssen, bis er bei Stefanie war.

Als er beim Anlegen der Skier für einen Moment die Handschuhe auszog, biss ihn die Kälte in die Finger. Die Berührung mit dem Metall der Bindung jagte Gänsehaut über seinen Körper. Obwohl er gleich danach wieder seine Handschuhe anzog, bemerkte er ein leichtes Taub-heitsgefühl in seinen Fingern. Da musste er jetzt durch, dachte er, während er nach einer Biegung talaufwärts einem geräumten Waldweg folgte. Ein schweißtreiben-der Aufwärtssprint sorgte dafür, dass wieder Blut in seine Finger gepumpt wurde und ihm der Schweiß das Brust-bein und den Rücken hinunterrann. Eine Zeit lang kam er gut voran. So gut, dass er die nächste Serpentine abzukürzen beschloss, indem er direkt den bewaldeten Hang hinaufstieg. Während er sich durch den tiefen weichen Schnee vorankämpfte, erschien der Vollmond am Himmel und übergoss die Landschaft mit silbrigem Licht. Norbert dachte, dass es eine ideale Nacht zum Skilaufen war. Obwohl er sich zwischendurch immer wieder an der Karte zu orientieren versuchte, war er mittlerweile längst nicht mehr sicher, ob er sich noch auf dem richtigen Weg befand. Als er einen steilen Abhang hinunterfuhr, passierte es. Seine Skispitze berührte einen eingeschneiten Baumstamm. Norbert segelte mit dem Kopf voran durch die Luft und landete bäuchlings im Schnee. Für eine Weile lag er reglos da. Um ihn herum herrschte Totenstille, lediglich unterbrochen vom Pulsieren des Blutes in seinen Ohren. Sein Knöchel schmerzte und er hatte sich den Kopf angeschlagen. Am Schlimmsten jedoch war, dass sein rechter Ski beim Aufprall in die Brüche gegangen war. Schnee hatte sich unter seinen Schal geschoben und war aufgrund seiner Körperwärme geschmolzen. Nun rann ihm das Wasser über Nacken und Rücken. Augenblicklich begriff Norbert, dass er vor einem Problem stand. Wie sollte er ohne Skier durch den Meterdicken Schnee vorankommen? Für jeden anderen wäre das der Moment gewesen, zurückzukehren. Nur für Norbert nicht. Schließlich war es doch genau das, weswegen sie hergekommen waren. Er und Stefanie. Der Gedanke an seine Geliebte beschleunigte seinen Pulsschlag und pumpte Adrenalin durch seine Adern. Er musste daran denken, wie sie ihn in der Hütte erwarten würde. Im Kamin würde ein Feuer brennen und es würde nach Glühwein duften. Vielleicht gab es sogar ein Bärenfell, auf dem sie es treiben konnten. Die Vorstellung jagte ihm einen wohligen Schauer über den Rücken.

Vergessen waren die unangenehmen Begleitumstände. Wenn es nicht anders ging, würde er eben zu Fuß weitergehen. Schon der erste Schritt ließ ihn bis zu den Knien im Schnee einsinken. Ein Blick auf die Karte zeigte, dass es ihn viel Kraft kosten würde, zur Hütte zu gelangen. Wenn seine Berechnungen stimmten, hatte er noch mehr als die Hälfte des Weges vor sich. Dazwischen weit und breit nichts als Wald. Für einen kurzen Moment erwog Norbert, Stefanie anzurufen und ihr von seinem Missgeschick zu erzählen. Doch dann verwarf er den Gedanken. Zumal er sich nicht vorstellen konnte, dass er hier draußen Empfang für sein Handy hatte. Als er auf das Display blickte, wurde seine Vermutung bestätigt. Zum ersten Mal befielen ihn Bedenken, ob er unbeschadet aus der Situation herauskäme. Vielleicht sollte er besser umkehren? Am Ende siegte sein Kampfgeist. Stefanie würde ihm das nie verzeihen, wenn er jetzt zum Auto zurückgehen würde. Er zweifelte keinen Moment daran, dass sie in der Hütte auf ihn warten würde, um ihn nach Kräften für seine Strapazen zu entschädigen.

Inzwischen hatte die Kälte seinen müden Körper und seine schweißgetränkte Kleidung durchdrungen. Du darfst nicht schlappmachen, ermahnte er sich. Doch die Anstrengung kehrte sich jetzt gegen ihn. Die durch seine Bewegung geweiteten Kapillaren leiteten die Wärme seines Körpers über die Haut ab, und seine feuchte Kleidung wiederum gab sie rasch an die nächtliche Umgebung ab. Die Folge war, dass seine Körpertemperatur binnen weniger Minuten rapide sank. Seine Nacken- und Schultermuskeln spannten sich an und er begann zu zittern. Hände und Füße fingen vor Kälte an zu schmerzen. Obwohl sich Norbert durchaus der Gefahr bewusst war, in der er sich befand, kämpfte er sich mit verbissener Miene Meter um Meter durch den Schnee in Richtung Hütte. Das Laufen fiel ihm immer schwerer. Mit jedem weiteren Schritt nahm das Bewusstsein zu, dass es ein Fehler war, in dieser kalten Nacht draußen herumzulaufen. Schon längst hatte er keinen Blick mehr für die Schönheit der von gleißendem Mondlicht überfluteten Landschaft.

Zu spät begriff er, dass es falsch gewesen war, sich auf dieses Abenteuer einzulassen. Was waren Wildwasserfahrten, Bungeejumping oder ein Fallschirmsprung im Gegensatz zu dem hier? Norbert verfluchte seinen Leichtsinn, der ihn in diese Situation gebracht hatte. Er hätte besser auf den Wetterbericht hören und ihr Treffen absagen sollen. Allerdings war das leichter gesagt als getan. Schließlich wollte er Stefanie unbedingt sehen. Sie waren wie zwei Süchtige auf der Suche nach immer neuen Herausforderungen. Es war die Gefahr, die sie reizte. Deshalb waren sie jetzt hier. Nur dass Stefanie klüger gewesen war als er. Sie war bereits am frühen Morgen aufgebrochen. Zu einer Zeit, als sie das Tageslicht auf ihrer Seite hatte. Er hingegen war erst losgezogen, als es draußen bereits zu dämmern begann. Noch dazu in ein ihm völlig unbekanntes Gebiet. Und das bei der Kälte!

Obwohl Norbert einsah, dass er den Trip hätte besser planen sollen, ignorierte er die Stimme in seinem Kopf, die ihn zur sofortigen Umkehr mahnte. Statt ihr zu folgen, blieb er unentschlossen stehen und zog die Karte zurate. Er warf noch mal einen Blick drauf und schätzte ab, welchen Weg er nun einschlagen würde: Zurück zum warmen Auto oder weiter zur Hütte. Norbert rang mit sich. Inzwischen zitterte sein ganzer Körper, was dazu führte, dass er nicht mehr klar denken konnte. Sonst hätte er womöglich kehrtgemacht, um seiner eigenen Spur zurück zu folgen. So jedoch entschied er sich fürs Weiterlaufen. Wobei Herumirren passender gewesen wäre. Seine Muskeln waren kalt und verhärtet. Jeder Schritt wurde zur Herausforderung. Längst hatten Stefanie und ihr nackter Körper ihre Reize verloren. Er sehnte sich nur noch danach, endlich ins Warme zu kommen. Es verging eine weitere Stunde, die Norbert wie eine gefühlte Ewigkeit vorkam. Er war jetzt in dem Stadium, indem die ersten Ausfallerscheinungen einsetzten. Norbert hatte keinerlei Zeitgefühl. Ein Blick auf die Uhr zeigte ihm, dass es nach Mitternacht war. Er fragte sich, ob Stefanie schon nach ihm suchte. Würde sie ihn vermissen und sich um ihn sorgen? Es gelang ihm nicht, den Gedanken zu Ende zu führen. Kurz darauf schaute er wieder auf die Uhr. Er konnte sich die Ziffern nicht merken. Voller Verzweiflung ließ er sich in den Schnee fallen. Nur um sich gleich wieder aufzurappeln.

Komm schon, du schaffst das, sprach er sich Mut zu, während er auf allen vieren weiterkroch. Immer wieder sank er ein. Seine Körperwärme verlor sich im weichen Schnee, der ihn umfing. Inzwischen hatte er die Grenze zur mittelgradigen Unterkühlung unterschritten. Die Pumpleistung seines Herzens betrug jetzt nicht einmal mehr zwei Drittel der Normalleistung. Doch Halt! Was war das? Hatte da nicht jemand nach ihm gerufen? Er hob den Kopf, um zu lauschen. Aber das Ganze war nur eine Halluzination, hervorgerufen durch den Sauerstoffmangel.

Norbert versuchte, sich aufzurappeln, tappte ein paar Schritte durch den Schnee. Er konnte spüren, wie seine Kräfte mit jedem Meter schwanden, den er sich stolpernd vorankämpfte. Als er wieder einmal stürzte, kroch er nur noch vorwärts. Es gelang ihm, sich Meter um Meter vorwärtszuschieben. Auch wenn er dabei immer wieder auf dem Schnee zusammenbrach und einsank. Sein Kopf glich einer zentnerschweren Last. Nicht nachlassen, befahl er sich, sonst bist du erledigt. Plötzlich sah er die Hütte. Seine letzten Kräfte mobilisierend, rappelte er sich hoch und taumelte auf die Tür zu. Doch die war abgeschlossen. Verzweifelt rüttelte er an der Klinke. Keiner da. Und das aus gutem Grund. Nur dass Norbert das nicht wissen konnte. Dazu hätte ihn Stefanies Mail erreichen müssen, in der sie das Treffen in allerletzter Minute abgesagt hatte. Ihre Nachricht war von seiner Frau abgefangen und gelöscht worden. Es hatte nur eines Tastendruckes bedurft.

Norbert würde nie erfahren, dass seine Frau von seinen Seitensprüngen wusste. Sie hatte nur auf eine günstige Gelegenheit gewartet, um ihm seine Untreue heimzuzahlen. Eine Gelegenheit wie diese. Es hatte sie zwar einiges an Zeit und Mühe gekostet, das Passwort seines Computers zu knacken. Doch der Aufwand hatte sich gelohnt. Durch die Mails, die Norbert mit Stefanie gewechselt hatte, war sie stets auf dem aktuellen Stand. Ihre anfänglichen Skrupel, ihrem Ehemann nachzuschnüffeln, hatte sie längst abgelegt. Zu tief saß die Schmach. Während Norbert ums Überleben kämpfte, zertrümmerte seine Frau in aller Seelenruhe die Festplatte seines Computers. Nur keine Spuren hinterlassen. Sie hatte nie daran gezweifelt, dass ihr Plan aufgehen würde. Denn so wie sie Norbert kannte, konnte ihn nichts und niemand davon abhalten, seinen einmal gefassten Plan zu ändern. Sie wusste, dass er springen würde, wenn seine Geliebte nach ihm rief. Und sie sollte recht behalten. Ganz im Gegenteil zu Norbert: Der lag im Schnee vor der Hütte und verstand die Welt nicht mehr. Erschöpft schloss er die Augen. Als er sie wieder öffnete, befand er sich in der Hütte vor dem Kamin. Das Feuer verbreitete eine wohlige Wärme. Zuerst war es angenehm, dann heiß. Irgendwann versengte die Hitze sein Fleisch und seine Kleidung fing Feuer. Bei minus 30 Grad riss sich Norbert in einem verzweifelten Anfall die Anziehsachen vom Leib. Sein ganzer Körper stand in Flammen. In einem letzten Moment geistiger Klarheit erkannte er, dass da gar kein Kamin war. Er lag allein in der bitteren Kälte, von der Taille aufwärts nackt im eisigen Schnee vor der Hütte. Diesmal hast du die Gefahr unterschätzt, war sein letzter Gedanke, bevor er das Bewusstsein für immer verlor. Zwei Tage später fand der Revierförster seine tiefgefrorene Leiche.

24 Tankstelle Kraslice/Graslitz: Nordwestlich von Kraslice/Tschechien, zwischen dem Erzgebirge im Nordosten und dem Elstergebirge im Südwesten, verläuft die Grenze zu Sachsen. Zu den Sehenswürdigkeiten gehört die Fronleichnamskirche. Anbindung an die grenzüberschreitende Bahnlinie Sokolov–Klingenthal und direkte Zugverbindung in das rund 30 Kilometer entfernte Karlovy Vary (Karlsbad) oder mit der Vogtlandbahn bis nach Zwickau. Am nahe gelegenen Grenzübergang nach Klingenthal kann man in vielen Einkaufsmärkten, Restaurants und Tankstellen günstig einkaufen, essen und tanken. Tanktourismus, verbunden mit einem Besuch der preiswerten Märkte, ist im Vogtland sehr beliebt.

25 Klingenthal mit Kirche Zum Friedefürsten: Unmittelbar an der Grenze zur Tschechischen Republik, bekannt durch den Musikinstrumentenbau, als Ferienort und Wintersportzentrum. Für Wanderungen bietet sich der nahe gelegene Topasfelsen Schneckenstein, das Naturschutzgebiet Hochmoor Großer Kranichsee, die Arnikawiese Winselburg oder die Radiumquelle im Steinbachtal an. An Samstagen besteht zudem die Möglichkeit, mit der Bahn nach Karlsbad, Marienbad und Hof zu fahren.

26 Aschberg: Auf dem Gipfel des Aschbergs in 936 Metern Höhe gelegen, bietet der 1999 errich-

tete Wanderaussichtsturm »Otto Hermann Böhm«
einen tollen Panoramablick über die ganze Region.
Er hat eine Gesamthöhe von 32 Metern und liegt
in unmittelbarer Nähe der Jugendherberge. Um
zur Aussichtsplattform zu gelangen, muss man
154 Stufen überwinden. Allerdings besteht auf dem
Gelände keine Parkmöglichkeit. Der Zutritt zum
Turm erfolgt durch Münzeinwurf. Für alle, die sich
nach der Turmbesteigung eine Ruhepause gönnen
wollen, sei die nur wenige Meter entfernte Asch-
bergalm zur Einkehr empfohlen.

27 Vogtlandschanze: Die Vogtlandarena in Klingenthal wurde am 27. August 2006 mit dem Sommer
Grand Prix der Nordischen Kombination offiziell
eingeweiht. Auf zwei Hektar Veranstaltungsfläche
finden bis zu 33.000 Zuschauer Platz. Die schienen-
geführte Erlebnisbahn »WieLi« fährt zum Schan-
zenturm, von dem aus sich ein imposanter Panoramablick bietet. Das Veranstaltungsangebot reicht
von Sport über Musik der vielfältigsten Stilrichtun-
gen bis zum Volksfest.

28 Mühlleithen mit Sommerrodelbahn und Skihang:
Der Klingenthaler Ortsteil Mühlleithen mit knapp
200 Einwohnern zwischen dem Kiel (946 Meter)
und dem Aschberg. Der Ort hat sich durch das
1965 erstmals ausgetragene Internationale Damen-
skirennen einen Namen in der internationalen Ski-
sportwelt gemacht. Der Skihang mit Schlepplift
ist teilweise mit Flutlicht ausgestattet. Auf dem

100 Kilometer umfassenden Loipennetz finden auch Wettkämpfe wie der Kammlauf statt. Die Sommerrodelbahn hat elf Kurven und eine Schikane.

29 Flößerdorf Muldenberg: Nahe der Talsperre befinden sich mehrere kleinere Becken, die früher zum Flößen von Holz dienten. Zur Erinnerung an die historische Flößerei findet jedes Jahr zu Himmelfahrt ein Schauflößen unter Regie des Vogtländischen Flößervereins Muldenberg e. V. statt. Besucher haben die Möglichkeit, den Floßknechten bei ihrer harten Arbeit zusehen. Fürs erfolgreiche Mitmachen erhält man das »Flößerdiplom«. Der Ort verfügt über einen Badeteich und über einen Stausee mit schönem Rundweg.

30 Frischhütte Rautenkranz: Bekannt wurde der Ort durch seine Wetterstation, die häufig den Wettbewerb um Temperaturextreme gewinnt. In Rautenkranz wurde Sigmund Jähn geboren, der erste Deutsche im All. Zur Stärkung sei die »Frischhütte« samt Bowlingbahn empfohlen.

31 Waldpark Grünheide: Der Waldpark ist ein Kinder- und Jugenderholungszentrum mit idealen Bedingungen für Schul- und Klassenfahrten oder Trainingslager. Gut erreichbare Ausflugsziele sind das Waldbad Brunn, die Raumfahrtausstellung, die Sternwarte und das Planetarium in Rodewisch, die Grube in Tannenbergsthal und der Freizeitpark Plohn. Der Waldpark verfügt über Zwei- bis Sechsbettzimmer, Ferienwohnungen und Appartements, Familienbungalows, Sommerhütten, eine Zeltplatz, barrierefrei zugängliche Gästehäuser sowie Sport- und Freizeitstätten im In- und Outdoorbereich.

32 Vogtlandsee: Der Vogtlandsee liegt inmitten eines 30 Quadratkilometer großen Waldgebietes zwischen Beerheide, dem Waldpark Grünheide und Jägers- grün. Der See und seine Umgebung ist ganzjährig ein beliebtes Ausflugsziel und bietet Wanderern, Radfahrern oder Langläufern Betätigungsmöglich- keiten. Im Sommer erfreut sich der ursprünglich zum Hochwasserschutz künstlich angelegte Stau- see als Badesee großer Beliebtheit.

33 Deutsche Raumfahrtausstellung: In Morgenröthe- Rautenkranz befindet sich die einzige Raumfahrt- Ausstellung Deutschlands. Sie gibt einen Überblick über die Geschichte der bemannten und unbemann- ten Raumfahrt und bietet die Möglichkeit, das Trai- ningsmodul des Basisblocks der Raumstation MIR zu besichtigen. Die Dauerausstellung wird durch Sonderausstellungen ergänzt. Das attraktive Außen- gelände besticht durch einen Planetenweg und einen Raumfahrtspielplatz.

34 Glockengießerei Morgenröthe: Der Muldenham- mer Ortsteil Morgenröthe fand erstmals 1618 als Zinnbergwerk Erwähnung. Davon zeugt heute noch ein kleines Freilichtmuseum mit dem Hoch- ofen, einem der wenigen erhaltenen historischen

Hochöfen auf dem Gebiet der neuen Bundesländer. Heute noch erhalten ist das in neugotischer Industrieform gestaltete, wasserradbetriebene Hochofengebläse für die Antonshütte im Erzgebirge. Aus der Glockengießerei stammt die Glocke im Dom zu Riga. Der Ort verfügt über gut markierte Wanderwege und im Winter über gespurte Loipen.

35 Siedlung Sachsengrund: Der zu Muldenhammer gehörende Ortsteil Sachsengrund liegt in einem abgelegenen Waldtal nahe der tschechischen Grenze im Westerzgebirge. Rund um den Ort stehen Wintersportlern zahlreiche gespurte Loipen mit Anbindung an die Kammloipe zur Verfügung. Ganzjährlich laden die ruhigen Wälder zu Wanderungen ein, auf denen man außer dem Gezwitscher der Vögel und dem Plätschern der Bäche absolut nichts hört. Hier befinden sich auch die Naturschutzgebiete »Dreibächle« und »Großer Kranichsee«. Der Ort verfügt über einen Gasthof mit Pension.

SNUFF-MOBBING

MANFRED KÖHLER

»Hallo, Kollege, du stehst auf meinem Platz.«

»Irrtum, Kumpel, das ist mein Platz.«

Leopold Wolter, genannt Wärschtla-Poldi, stellte Messingkessel und Brötchenkorb auf dem Pflaster der Hofer Fußgängerzone ab und schüttelte entschieden den Kopf.

»Mein Platz ist das. Genau gegenüber der Marienkirche. Schon seit über sieben Jahren.«

»Und wo warst du heute früh? Und gestern? Und vorgestern?«

»Ich war krank.«

»Pech gehabt.«

»Was heißt überhaupt heute früh, wir haben noch nicht mal neun.«

»Trotzdem zu spät.«

»Nein, so läuft das nicht. Jeder Wärschtlamo 36 in Hof hat seinen Platz. Egal, wann er kommt.«

»Stimmt. Und das ist jetzt meiner. Geh da rüber, auf die andere Seite. Bei der Bäckerei. Dort ist jetzt dein neuer Platz.«

»Ich lass mir doch von dir nicht vorschreiben … He!«

Aus einer einladend-freundlichen Geste heraus hatte der fremde Kerl Poldi einen versteckten, aber festen Stoß in die Rippen versetzt, der ihn nach Luft schnappen und dabei einen Geruch atmen ließ, der nach Klebstoff schmeckte. Die Passanten, die von der Bewegung aufgeschreckt wurden, schauten etwas befremdet in Richtung der beiden Wärschtlamänner, aber was sie jetzt sahen, war eine innige Umarmung des größeren, der die Schultern des kleineren umfasste. Der Kerl grinste über beide Backen, nickte den Fußgängern freundlich zu und raunte Poldi von oben herab ins Ohr: »Verpiss dich, du Zwerg. Diese Straßenseite ist ab jetzt für dich tabu. Und wenn ich dich jemals auf meinem Platz erwische, bist du fällig.« Mit einem herzlichen Schulterpatschen löste er sich wie nach einem kollegialen Plausch und schlenderte zurück hinter seinen Stand aus Kessel und Brötchenkorb.

»Haaß sensa!«, rief er wie zum Hohn den altbekannten Spruch der Hofer Wärschtlamänner und rückte seine Schürze zurecht. Poldi besah sich die Statur des Vollbartträgers, seine Visage unter der tief in die Stirn gezogenen Lederkappe und sein Brust-raus-Gebahren eines Gefängnisbanden-Anführers. Er resignierte, hob seinen eigenen Kessel und Brötchenkorb vom Pflaster und trollte sich auf die andere Straßenseite.

In der auf Imbissware spezialisierten Bäckerei herrschte Hochbetrieb. Zunächst hatte Poldi befürchtet, die Betreiber würden ihn vor ihrem Laden nicht dulden, aber ihn zu vertreiben war gar nicht nötig. Er stand da wie ein Lumpenpuppenverkäufer vor einem Actionspielzeugladen. Auf seinem alten Platz, gegenüber in der frühherbstlichen Sonne, verdiente sein Konkurrent sich derweil dumm und dämlich.

»Ein paar Wiener, bitte.«

Poldi schreckte aus seinen Gedanken, nickte seinem ersten Kunden dieses Tages zu und schnitt ein Brötchen auf.

»Waren Sie nicht immer da drüben?«, fragte der Kunde.

»Stimmt.«

»Aber jetzt hat dieser Raufbold Sie verdrängt.«

Poldi zuckte mit den Schultern und klemmte ein Paar Wiener Würstchen zwischen die Brötchenhälften. »Na ja, hier auf dieser Seite ist es auch nicht schlecht«, murmelte er versöhnlich.

»Von wegen. Dieser Platz ist beschissen. Und wissen Sie was …«

Poldi überreichte die Wiener, nahm zwei Euro entgegen und ließ das Wechselgeld auf eine Geste des Kunden hin stecken.

»… es geht hier sowieso um sehr viel mehr.« Er hatte abgebissen, kaute und klang deshalb ziemlich unverständlich. Poldi war es gewohnt, dass Kunden bei ihm stehen blieben und ihn zutexteten. Meistens stellte er auf Durchzug, aber in dem Fall betraf ihn das Gequatsche und machte ihn wieder wütend. Schlimm genug, dass er seinen Platz verloren hatte. Aber wenn seine Kunden ihn deshalb für eine Niete hielten, war das doppelt schlecht fürs Geschäft. Nicht gerade freundlich fragte er: »Was meinen Sie damit?«

»Na das Tourismus-Magazin. Noch nicht davon gehört? Stand doch dick in allen Zeitungen. Das kommt in einer Mords-Auflage und wird bundesweit verteilt.«

»Ich les keine Zeitungen, muss ich zugeben.«

»Hmhm. Sollten Sie aber besser. Der da drüben weiß garantiert Bescheid.«

»Und worüber bitte?«

Kauend und gleichzeitig die von Senf verschmierten Finger ablutschend grinste der Typ ihn an. Sein baby-

blauer Trainingsanzug spannte sich über dem Riesen-
bauch. An jedem einzelnen Finger steckte ein Ring, sogar
an den Daumen. Das Gesicht sah aus wie rot angemalt.
Poldi schüttelte es vor Ekel, als der Mann ihm einen Bat-
zen Gekautes auf die Lederjacke spuckte. An der Frage
vorbei antwortete er: »Hätten Sie mal besser nicht gerade
jetzt Urlaub gemacht.«

»Ich war nicht im Urlaub. Wieso überhaupt?«

»Wohl krank gewesen, oder?«

Er machte eine Bewegung des Torkelns und Aufsto-
ßens, verdrehte die Augen wie im Vollsuff, lachte spöttisch und verlangte: »Noch ein paar Knacker. Stimmt
so.«

Schwungvoll stopfte er Poldi einen Fünfeuroschein in
die Lederjackentasche und schnippste den eigenen ausge-
spuckten Brocken weg, der da noch immer geklebt hatte.

»Hof hat nicht nur den Untreusee **37** / **38**, sondern
gleich zwei Labyrinthe **39** / **40**. Die Stadt war außerdem mal 'ne Festung **41** / **42**, schon gewusst? Aber vor
allem haben wir die Hofer Filmtage **43**, ja, unser bundesweit bekanntes Promi-Festival, Mensch!«

Widerwillig griff Poldi zu einem Brötchen, schnitt es
auf und fragte: »Ja, und? Was meinen Sie damit?«

»Na, das kommt da alles rein. In das Tourismus-
Magazin. Alle Hofer Highlights. Ein Vertriebenenmuseum **44** hat ja wohl niemand sonst. Und ein solch
sagenhaftes Theater **45**. Oder erst gar die neue Freiheitshalle **46**, dieses blau leuchtende Monster-Ufo, was für
ein Bild! Und vorne drauf aufs Cover die absolut einzig-
artige Hauptattraktion: der Hofer Wärschtlamo. Wie's im
Moment aussieht, ist das dann der da drüben.« Er rupfte

Poldi die Knackwürste aus der Hand, kaum waren sie auf dem Brötchen und mit Senf bestrichen.

Mit wachsender Aggressivität aufgrund der Art, wie er hier behandelt wurde, aber auch über das, was er hörte, vergriff sich Poldi bei der Antwort im Ton und bereute es sofort: »Sie reden Schwachsinn. Wenn das stimmt, dann kommen entweder alle drauf oder der bekannteste. Und das bin immer noch ich.«

»Nö, der da drüben. Weil er genau am richtigen Platz steht. Mit ihm als Vordergrund hat man alles im Blick: Marienkirche, Brunnen, die ganze vordere Altstadtszenerie. Mit Ihnen hier drüben ersäuft das Bild im Schatten.«

»Ein so wichtiges Bild wird doch nicht spontan aufgenommen. Und der momentane Standort hat damit bestimmt nichts zu tun. Die kommen schon zu mir.«

»So wie Ihre Kunden?« Der Kerl grinste spöttisch und zog mit dem senfverschmierten Zeigefinger an seinem rechten unteren Augenlid. Bei einem Blick über die Straße sah Poldi zwei seiner Stammkunden in der Schlange vor dem Stand seines Konkurrenten anstehen.

»Ich kann das nicht mit ansehen«, schreckte ihn sein einziger eigener Kunde dieses Tages aus seinen Gedanken. Er hatte seine Knackwürste vertilgt, wischte sich seine Pfoten an der Vorderseite seines Trainingsanzugs ab und hinterließ dabei Brösel und deutlich sichtbare Senf- und Wurstsaftspuren.

»Was?«

»Dass Sie hier vor die Hunde gehen. Der Knilch muss weg.«

»Wenn er eine Genehmigung hat, kann ich ihm gar nichts.«

»Aber ich kann ihm was. Vertrauen Sie mir.«

Poldi zog gedankenverloren die fünf Euro aus seiner Jackentasche und steckte sie in den Geschäfts-Geldbeutel. Sein Kunde starrte hasserfüllt über die Straße und schien kurz davor, auf den anderen Wärschtlamo loszugehen.

»Wieso? Was betrifft Sie das denn?«

»Was mich das ...?! Kennen Sie den Typen nicht? Und wissen Sie nicht, wer ich bin?«

»Tut mir leid.«

Die plötzliche Aggression des Mannes im Trainingsanzug und die Absolutheit, mit der er sich an ihm, seinem Konkurrenten und der Situation an sich festgesogen hatte, irritierten ihn. Mit dem Befremden überkam ihn ein Moment körperlicher Schwäche. Er schwitzte, spürte Übelkeit und das dringende Bedürfnis nach einem tiefen Schluck. Vielleicht war es ein Fehler gewesen, nach seinem Zusammenbruch der Vorwoche und zwei Tagen Totalentzug schon heute wieder den Dienst aufzunehmen.

»Mir gehört, wie jeder weiß, die Disco *Dance Hall Fever* mit Spielhalle. Und der da drüben hat mich beklaut und wurde von mir gefeuert. Leider konnte ihm die Polizei nichts nachweisen. Aber ich will verdammt noch mal meine Kohle zurück! Und ich sehe überhaupt nicht ein, dass der auch noch als Wärschtlamo Karriere macht.«

»Karriere, na ja ...« Poldi verbiss sich ein selbstironisches Auflachen und prüfte beiläufig die Kesseltemperatur.

Der Mann im Trainingsanzug wandte sich ihm frontal zu und deutete mit dem Daumen zu seinem Konkurrenten. »Ich weiß zufällig, wo der parkt. Auf dem Weg dorthin muss er durchs Hexengässlein. Die letzten Tage ging er erst, wenn's schon dunkel war. Wir schnappen ihn uns heute mal und reden ein paar Takte mit ihm.«

»Moment mal, mit mir können Sie dabei nicht rechnen. Diese Disco-Sache geht mich überhaupt nichts an.«

»Aber das hier, dass Sie pleite gehen wegen dem, das doch wohl schon!«

»Noch ist nicht gesagt ...«

»Wo sind denn Ihre Kunden, Mann? Sie lassen sich gerade das Fell über die Ohren ziehen!«

»Zugegeben, heute ist nicht der beste Tag ...« Poldi spürte eine kribbelige Flauheit im Bauch, die in die Beine absackte und ihm Denkfähigkeit und Klarheit im Kopf abzuziehen schien. Mangels eines Sitzplatzes stützte er sich auf seinem Brötchenkorb auf und schloss kurz die Augen.

»Sie sehen total elend aus, mein Bester. Warten Sie, ich hol Ihnen was!«

Ehe Poldi abwinken konnte, sah er bereits die Kehrseite des Disco-Besitzers und stellte überrascht fest, dass er sich etwas besser fühlte. Die Anteilnahme tat ihm wohl. Das war kein Freund, wie er ihn sich freiwillig ausgesucht hätte, aber jemand, der in diesem Moment gewillt war, ihm zu helfen. Er rechnete damit, dass der Mann ihm ein kreislaufstärkendes Mittel aus einer Apotheke besorgen würde. Was er ihm dann aber, eine halbe Stunde später, verstohlen zusteckte, war etwas ganz anderes und sehr viel wirksamer.

»Also los jetzt, hinterher!«

»Und was ist mit meinen Sachen?« Poldi stand leicht schwankend zwischen seinem Kessel und seinem Brötchenkorb. 18 Paar Wiener schwammen noch in der fettigen Brühe, je sieben Paar Weiß- und Knackwürste und sage und schreibe 26 Paar Knacker. Die meisten Würste ließen sich am nächsten Tag aufwärmen, aber die 62 übrig gebliebenen Brötchen konnte er in die Saale gebröselt an die Enten verfüttern. Er hatte kalkuliert wie gewohnt – und auf seinem alten Platz hätte er an diesem Tag sogar gut das Dreifache absetzen können. Sein Konkurrent war soeben mit leerem Kessel und prallem Geldbeutel aufgebrochen, nicht ohne spöttisch grinsend herüberzuwinken.

Wäre er klaren Kopfes gewesen, hätte Poldi den Verlust abgehakt und sich für den nächsten Tag vorgenommen, einen besseren Platz zu suchen. Niemand zwang ihn, neben einer Bäckerei zu stehen, die mit ihrer Vielfalt an Spezialitäten die Hungrigen anlockte wie Honig die Bären.

Dank dem spendablen und wortgewaltigen Disco-Besitzer aber hatte Poldi inzwischen zwei Flaschen Obstler intus, hatte begleitend zum steigenden Pegel Schmäh- und Hetzreden im Umfang eines halben Reichsparteitages um die Ohren gehauen bekommen und nur noch Platz im Kopf für einen Gedanken: Rache!

Seine Sachen hätte er glatt stehen gelassen, mitten in der Altstadt, wäre sein Kunde Nummer 1 des Tages nicht so freundlich gewesen, sie ihm zum Parkhaus zu tragen. Kessel und Korb verschwanden in einem Kleinbus irgendeiner Marke, die Poldi auf der Zunge lag, die ihm aber letztlich so egal war wie die Farbe. Hauptsache, seine Sachen waren erst mal sicher verstaut.

Erst als Jim-Bob Förster, so der Name des freundlichen Kampfgenossen, ihn von der Poststraße ins Hexengässlein zerrte, weil der Platzdieb angeblich in der Kreuzsteinstraße parkte, wurde Poldi stutzig.

»Das ist doch ein absoluter Umweg, ich meine ... warum sollte der von der Marienkirche aus über die Poststraße durchs Hexengässlein laufen mit seinen schweren Sachen?«

»Keine Ahnung. Vielleicht bringt er seine Einnahmen zur Bank.«

»Kann sein – nein! Dann hätte er doch eher über den Kugelbrunnen ...«

»Ist das jetzt wichtig, Mann?! Da vorne läuft er, also hinterher!«

»Also hinterher!«, lallte Poldi im Ton eines Schlachtrufs, um etwas ratlos anzufügen: »Und was dann?«

»Na was wohl? Der schuldet uns Geld. Und wir holen es uns.«

»Der ist aber ganz schön ... äh, stark.«

»Dafür sind wir zu zweit. Und ich hab ein stichhaltiges Argument.« Er klopfte sich auf die Jackentasche, die spitz und kantig ausgebeult war.

»Ein was?«

»Hier, nimm noch nen Schluck. Trink dir Stärke an. Und dann auf in den Kampf.«

Poldi grapschte nach dem Kirschwasser und ließ laufen. Ein Liter auf ex war gar nichts für ihn. In der Schule hatte ihm seine Fähigkeit, zu schlucken wie ein Abfluss, einen Spitznamen eingebracht, auf den er heute noch stolz war: »Das Ventil.«

Die geleerte Flasche fiel ihm, kaum abgesetzt, aus der Hand und zerbarst auf dem Pflaster des Hexengässleins, als Jim-Bob ihn an der Lederjacke packte und mit einem Ruck hinter sich her zerrte.

»Hey, Arschloch!«

In Poldis vernebelten Kopf kam mit Verzögerung an, dass der Disco-Besitzer gebrüllt hatte und der Verfolgte stehen blieb und sich umdrehte. In der Gasse, die kaum breit genug war, um die Arme auszustrecken, und die bei Dunkelheit gemieden wurde, standen die drei Männer sich unvermittelt gegenüber. Poldi, mit Leib und Seele Wärschtlamo, registrierte am Rande, dass Kessel und Korb des Konkurrenten fehlten. Weder geschultert noch abgestellt – die Ausrüstung war schlicht nicht mehr da.

»Redest du mit mir?«

Der bärtige Wärschtlamo zeigte nicht die Spur von Einschüchterung. Poldi dagegen rutschte das Herz in die Hose, als sein Feind sich ihnen gar noch entgegenwarf und brüllte: »Ich polier euch die Fressen!«

Poldi wollte nach hinten ausweichen, aber stieß gegen den Disco-Besitzer, der sich seinerseits auf den Wärschtlamo stürzte und die rechte Hand hob, an der er jetzt einen Handschuh trug und in der ein blitzender langer Gegenstand steckte. Ehe Poldi begriff, dass es sich um ein Messer handelte, bekam er das Ding in die Hand gedrückt – aber vorher hatte Jim-Bob es dem anderen Wärschtlamo von oben in die Brust gerammt und es wieder herausgezogen.

Der Verletzte kippte ihm in die Arme, Poldi ließ das Messer fallen, und statt dem Disco-Besitzer stand plötzlich ein Fremder mit schwarzer Kapuze und Digi-Cam schräg neben ihm und hielt voll drauf. Was die Szene dominierte, war neben Schock und Entsetzen ein intensiver Klebstoff-Geruch.

»Er hat mich … erstochen!«, stammelte der bärtige Wärschtlamo in Richtung Kamera und glitt aus Poldis Umklammerung zu Boden.

Zu seinen Füßen der leblose Körper, der filmende Fremde auf Tuchfühlung, die haarsträubende Anschuldigung – und an den eigenen Fingern ein klebriges Zeug, das nur Blut sein konnte.

Poldi drehte durch.

So schnell es ihm sein Alkoholspiegel erlaubte, taumelte er durch die Gasse in Richtung Kreuzsteinstraße, hörte den Kameramann hinter sich her rennen, lallte »Ich war das nicht!« und gelangte schneller, als sein geschocktes Bewusstsein es verarbeiten konnte, auf einen belebten Bürgersteig und dann auf eine stark befahrene Straße. Er wollte hinüber, dem lästigen Zeugen entkommen.

Es war das Letzte, was er je wollte.

Der Kameramann stieß ein begeistertes »Wow!« hervor und filmte den ungebremsten Aufprall. Der Flüchtende flog über die Kühlerhaube eines silbernen Mercedes und knallte aufs Pflaster. Nach einem Zoom auf Poldis blutverschmierte Stirn und seine leer auf den Asphalt starrenden Augen schaute der Mann, dass er Land gewann. Kaum war er im Hexengässlein verschwunden, war es so, als hätte es ihn nie gegeben.

Die Passanten, die nun zusammenliefen und die Kreuzsteinstraße verstopften, erinnerten sich später nur an eines: einen Betrunkenen in Lederjacke und weißer Schürze, der wie von Furien gehetzt über die Straße rannte und sich in offenbar selbstmörderischer Absicht vor ein fahrendes Auto warf.

»Und was machen wir jetzt mit dem ganzen Fraß?«

Die drei jungen Männer lümmelten im Kreis um zwei Wärschtlamo-Kessel und -Körbe. Die Schiebetür des schwarzen VW-Kleinbusses war geschlossen. Durch eines der Fenster sah man auf den Innenraum des Parkhauses in der Hofer Marienstraße.

»Uns vollstopfen!«

Joeys Stimme klang aufgekratzt. Sein babyblauer Trainingsanzug schlackerte um seine schlanke Gestalt. Neben ihm am Fahrzeugboden lagen eine Bauch-Attrappe, eine Perücke und ein Handtuch mit rotbraunen Schminkspuren.

»Wir sollten lieber schauen, dass wir den Scheiß loswerden!« Seppl trug noch seine Wärschtlamo-Klamotten, aber hatte die Lederkappe abgenommen, was ihn deutlich verjüngte. Die weiße Schürze war mit roten Spritzern befleckt. Er zog mit einem Ruck an seinem Bart und verzerrte das Gesicht vor Schmerz.

»Verdammter Kleber! Ich hab viel zu viel von dem Zeug erwischt …«

»Dafür war das mit dem Theatermesser und dem Kunstblut perfekt. Affengeil, wie das gespritzt hat!«

»Maul halten, Leute!«, befahl Bully, der auf einem Bänkchen des Laderaums hockte. Er hatte die Kapuze seines schwarzen Anoraks abgestreift und hielt links eine Kamera, deren Display einen Film wiedergab, an dem er sich nicht sattsehen konnte. Mit der rechten Hand presste er sich ein Smartphone ans Ohr. »Ja, ich bin's«, sprach er in sein Handy. »Nein, sogar besser als gut.«

Während er lauschte, hörte man undeutlich die Stimme des Gesprächspartners. Joey und Seppl, die beiden jungen Männer, die den Discobesitzer und den Wärschtlamo gespielt hatten, lauschten mit halbem Ohr und bedienten sich nebenbei an Brötchen und Würsten.

»Was das heißen soll?!«, fragte Bully und trug im Gesicht das Strahlen des Begeisterten, der kurz davor war, eine Bombe platzen zu lassen. »Dass der Typ nicht nur voll durchgedreht ist vor Suff und Schiss, sondern vor laufender Kamera quasi Harakiri begangen hat.«

Die Stimme am anderen Ende klang entsetzt und dann tadelnd, was Bullys Begeisterung in Wut umschlagen ließ. Er legte die Digi-Cam beiseite, auf deren Display Poldi gerade mit dumpfem Schlag in den Mercedes rannte, und fuhr seinem Gesprächspartner ins Wort: »Nein, das hatten wir natürlich nicht geplant. Aber es war nicht zu verhindern. So was passiert halt mal, wenn man Leute in den Wahnsinn treibt.«

Wieder begann der Gesprächspartner wortreich zu schimpfen und wieder wurde er schroff unterbrochen: »Dann stellen Sie den Film eben nicht ins Internet, sondern verkaufen ihn an ausgewählte Kunden. Das ist allerbeste Snuff-Scheiße und bringt Ihnen locker das Dreifache als das übliche Mobbing. Was? Na und, dann such ich mir eben jemand anders. Denken Sie, dass Sie unser einziger Abnehmer sind?«

Er betrachtete seine würstchenkauenden Kollegen und begann zu grinsen.

»Na, wer sagt's denn! Nein, Amberg ist am Donnerstag dran. Morgen sind wir erst mal oben in Gera. Ja, der Depri mit der bösartigen Schwiegermutter. Seine Alte will ihn endgültig aus dem Haus haben. Was täten wir ohne die lieben Verwandten, Konkurrenten und sonstige Informanten. Klar verwischen wir unsere Spuren! Wie lang liefern wir Ihnen jetzt schon? Und ging je was schief? Nein oder nein? Richtig, nein. Vollidiot!«

Das letzte Wort fauchte er, als er bereits Auflegen gedrückt hatte.

»Hört auf zu fressen. Wir müssen hier weg.«

»Bleib cool, Alter. Was machen wir überhaupt mit Poldis Geraffel?«

»Schenken wir unserem Informanten als kleines Dankeschön und Extra-Leihgebühr. Als Wärschtlamo kann er Ersatz-Kessel und -Korb sicher brauchen.«

»Als Dankeschön bekommt er schon Poldis Spitzen-Standplatz. Das reicht ja wohl für die Info in Sachen Alk-Vergiftung und Entzugsversuch.«

»Was, wenn er nicht dichthält? Dass Poldi abgekratzt ist, dürfte ihm nicht so schmecken.«

»Wieso? Ein Konkurrent weniger. Und ob ein Quartalsäufer sich totgurgelt oder überfahren wird, was soll's. Der hätt's eh nicht mehr lang gemacht.«

»Stimmt das eigentlich mit dem Tourismus-Magazin?«

»Na, aber hallo! Was war wohl der Anlass für unseren heutigen Auftritt? Unser Informant war aber auch so schon lange scharf auf Poldis Platz.«

»Und warum hat er es nicht gemacht wie wir – eher dran sein und den Platz einfach nehmen?«

»Vielleicht Wärschtlamo-Ehre oder so.«

»Ist das wichtig?«, fragte Bully und hielt an der Ausfahrtsschranke. »Konzentriert euch lieber auf den nächsten Auftrag. Wie packen wir das an?«

Die Schranke ging hoch, und der VW-Bus bog in die nächtliche Marienstraße ein.

»Verführen und reinplatzen.«

»Und wer soll das Verführen übernehmen?«

»Warum nicht Lina? Könnte die so kurzfristig?«

»Wenn die Kohle stimmt …«

»Oder wir fahren erst mal nach Altenburg. Die zwei Streithähne, die es ins Lokalradio gebracht haben. Es geht um einen kläffenden Köter und einen qualmenden Kamin. Die könnten wir gegeneinander aufhetzen.«

»Nein, ich bin für Gera. Da ist immerhin schon mal Blut geflossen.

»Blut ist immer gut«, reimte Joey, und Bully entschied: »Erst werden wir auf dem Weg zur Autobahn das Zeug los. Dann fahren wir einfach mal in Richtung Norden und überlegen uns einen Schlachtplan. Wie können wir das heutige Ergebnis toppen und trotzdem internettauglich bleiben?«

»Leute, he, Leute! Wisst ihr, was ich an unserem Job so liebe?«

Während Bully in Richtung Autobahn abbog, beugte sich Joey halb nach hinten zum Fonds, wo es Seppl endlich schaffte, sich den angeklebten Bart abzureißen.

»Wir sind so was wie die Verkörperung des Schicksals. Unser nächster Aspirant, egal, wer es ist, liegt jetzt friedlich im Bett und schnarcht sich einen. Aber was wird morgen Nacht sein? Wälzt er sich dann nur herum und grübelt, warum ihm eine solche Scheiße passieren musste? Oder liegt er womöglich im Leichenschauhaus? Wenn ich an den armen Poldi denke, wie er heute früh tapfer losgewackelt ist mit seinen schweren Sachen in der Hoffnung auf einen guten Tag …«

»Du bist vielleicht ein Fiesling, Mann!«

Seppl lächelte versonnen, streifte die Lederjacke ab und ließ seine Muskeln spielen. Während Joey sich schon in seinen Sitz drückte und die Augen schloss, murmelte Bully: »Jedenfalls hat unser nächster Kandidat keine Ahnung, dass morgen sein Leben in die Binsen geht. Und niemand kann uns aufhalten. Es könnte jeden treffen. Absolut jeden. Jederzeit.«

FREIZEITTIPPS:

36 Wärschtlamo: Seit 1871 gibt es den Hofer Wärschtlamo (Würstchenmann), ein bundesweit einmali-
ges Kuriosum. Der Wärschtlamo ist ausgestattet
mit einem Kessel, in dem die Würste mit Dampf
erhitzt werden, und einem rechteckigen Brötchenkorb. Aus dem Kessel heraus verkauft er Wiener
Würstchen, Knackwürste, Weißwürste und Bauern-
würste. Heute teilen sich mehrere Wärschtlamänner verschiedene Standorte im Bereich der Hofer
Altstadt.

37 Untreusee: Rund um den Stausee im Süden von
Hof ist seit Ende der 1970er-Jahre ein Naherholungsgebiet entstanden, das von Hofern und Gästen begeistert angenommen wird. Neben schwimmen, sonnenbaden, gemütlich einkehren, radeln,
wandern und joggen kann man am Untreusee auch
noch zwei recht neue, herausragende Touristen-At-
traktionen genießen – siehe Punkte 3 und 4.

38 Kletterpark am Untreusee: Wer schon immer mal
einen »Tarzansprung« hinlegen wollte, der kann im
Kletterpark am Untreusee dazu Anlauf nehmen.
Geboten werden auf 20.000 Quadratermetern Fläche diverse Parcours und Stationen, ein Klettertun-
nel, Seilfahrten über den See und eine Affenschau-
kel.

39 Labyrinth am Untreusee: Den Unterschied zwischen Labyrinth und Irrgarten lernt man in der 2.200 Quadratmeter großen Anlage am Untreusee begreifen. Denn dort ist ein Labyrinth in einen weitläufigen Irrgarten integriert. Labyrinth heißt: Den Weg zur Mitte und zurück legt man auf einem einzigen Pfad zurück. Den Zugang zum Labyrinth muss man im Irrgarten aber erst mal finden ...

40 Labyrinth am Theresienstein mit künstlicher Ruine: Der Name trügt: Im Gegensatz zum Untreusee kann man am Theresienstein kein Labyrinth durchwandern. Der Name des Parkabschnitts hat sich von einem längst verschwundenen Irrgarten aus dem 17. Jahrhundert überliefert. Was Spaziergänger in der Gegenwart finden, ist eine traumhafte Parklandschaft mit der Ruine eines Märchenschlosses auf der Bergkuppe. Die Türme und Mauern gehörten allerdings nie zu einer mittelalterlichen Burg, sondern wurden Ende des 19. Jahrhunderts als künstliche Ruine erbaut. Lediglich einer der Torbögen hat eine weiter zurückreichende Geschichte: Er stammt aus dem 1743 abgebrannten Hofer Stadtschloss.

41 Mittelalterliche Stadtbefestigung: Das Hofer Stadtschloss war einst Teil einer umfangreichen Befestigung. Hof war nicht nur eine ummauerte Stadt mit Wällen und Gräben, sondern eine echte Festung, die »Veste Hof«. Herausragendes Element war ein Rondell am Oberen Tor, von dem leider, wie von den Toren selbst und den meisten Mauern, nichts mehr übrig geblieben ist. In der Nähe des Jean-Paul-Gymnasiums und über der Saale findet man noch manch beachtlichen Abschnitt der Stadtmauer – ansonsten erinnern nur Namen an Hofs große Vergangenheit, allen voran Sigmundsgraben, Oberes Tor und Unteres Tor.

42 Wartturm: Der einzig erhaltene spätmittelalterliche Turm der Stadt Hof ist der Wartturm. Das heutige Wahrzeichen Hofs ragt auf dem 570 Meter hohen Wartberg in den Himmel. Bei der Belagerung von Hof 1553 brannte der Turm aus und wurde 1879 restauriert.

43 Filmtage: Seit 1968 finden in Hof die von Heinz Badewitz, Uwe Brandner und Werner Weinelt initiierten Filmtage statt. Unter dem Markenzeichen »Internationale Hofer Filmtage« werden alljährlich im Herbst sechs Tage lang rund 130 Vorstellungen angeboten. Im Mittelpunkt steht dabei der deutsche Film. Bei dem Festival geben sich regelmäßig bekannte Größen der Filmindustrie in Hof die Ehre.

44 Vertriebenenmuseum im Museum Bayerisches Vogtland: Über Ankunft und Neubeginn von Flüchtlingen und Vertriebenen in Hof informiert die neueste Abteilung des Museums Bayerisches Vogtland. Das oft verdrängte Kapitel bundesdeutscher Nachkriegsgeschichte wird, immer am Beispiel von Hof, auf rund 300 Quadratmeter Ausstellungsfläche für heutige Besucher neu aufgeschlagen. Neben dem Erinnern und Mahnen steht der Aspekt der Versöhnung im Mittelpunkt.

45 Theater Hof: Mit einem 28 Meter hohen Bühnenturm und einem spektakulären Glasvorbau ist das Theater Hof ein echter Blickfang. Der preisgekrönte Neubau bietet den Rahmen für einen vielfältigen Spielplan mit rund 20 Produktionen pro Spielzeit aus den Bereichen Oper, Operette, Musical, Ballett, aber auch Kinder- und Jugendtheater.

46 Neue Freiheitshalle: Wie ein blau leuchtendes Ufo hockt die neue Freiheitshalle gegenüber dem Theater und markiert den Mittelpunkt eines kulturellen Zentrums in Hof. Der mittlerweile dritte Hallenbau seit 1936 lädt ein zu Bällen, Sportwettkämpfen, Messen, Fernsehshows und Musikaufführungen – und ist ein Besichtigungs-Highlight als solches.

BÜCHSENFIEBER

CHRISTOPH KRUMBIEGEL

Als Dave Ulmer Anfang dieses Jahrtausends in Portland, Oregon, den ersten Geocache dieser Erde versteckte, hielt er das verdientermaßen für eine lustige Idee. Was sich allein in den folgenden zehn Jahren daraus entwickelte, hätten selbst die verrücktesten Cacher der ersten Stunde nie für möglich gehalten. Beschäftigte sich in den frühen Jahren nur eine elitäre, um Geheimhaltung bemühte Splittergruppe der Outdoor-Fans mit der digitalen Schatzsuche, so rotten sich heute Horden bestausgerüsteter paramilitärischer Naturfreunde in der Nähe der einschlägigen Verstecke zusammen. Gab man sich früher ganz reduziert geheime Zeichen wie bei den Freimaurern, so werden jetzt wahre Happenings mit Picknick und Familienwanderungen geplant. Das ist eigentlich gar nicht schlecht. Doch wie überall, wenn Männer im Spiel sind, so läuft auch in diesem Fall die gute Sache Gefahr, vom falsch verstandenen Ehrgeiz vergiftet zu werden. Wie bei den Jägern aus der Kolonialzeit beginnt man sich mit den Trophäen des Erst-Fundes zu schmücken. Wie einst die weiblichen Eroberungen der Jugend, zeigt man sich heute mit hochgezogenen Augenbrauen gegenseitig die Cache-Statistiken. In diesem Stadium ist eine Heilung bereits recht unwahrscheinlich. In diesem Stadium hat man schweres Büchsenfieber.

Robert, Ben und Thomas rochen ein kleines bisschen nach frischer Gülle. Natürlich waren Robert, Ben und Thomas nur ihre richtigen Namen. Die meisten Menschen, mit denen sie wirklichen, echten Kontakt hatten, kannten die drei nur unter Brezel68, Superlatte und Pogo-Bock, ihren sogenannten Nicknames. Brezel68 war die Kombination aus Roberts Geburtsjahr und der Tatsache, dass er ursprünglich eine Bäckerlehre angefangen hatte. Ben liebte Kaffeevariationen und ernährte sich praktisch davon, wobei ihm der anzügliche Charakter seines Cacher-Namens erst aufgefallen war, nachdem man ihn in einem entsprechenden Online-Forum mithilfe einer unanständigen Fotomontage dafür sensibilisieren konnte. Thomas schließlich hatte seine Zugangsdaten einst nach der Rückkehr von einem Klassentreffen eingegeben, welches von derart intensiver Wiedersehensfreude geprägt gewesen war, dass allein der Restalkohol gereicht hatte, um ihn jegliche Erinnerung an den tieferen Sinn von Pogo-Bock verlieren zu lassen. In der Gruppe wirkten sie wie eine Kreuzung aus drei entschlossenen Guerillakriegern und den Abrafaxen. Brezel fluchte und schob eine mit Tarnfarben beklebte Filmdose zurück in ihr Versteck. Acht Namen waren bereits vor ihnen im Logbuch des Caches eingetragen worden. Dabei hatten sie zum schnelleren Vorankommen extra den Weg über das frisch gedüngte Feld eingeschlagen. Das war doppelt Scheiße. Dieser Tag war eindeutig gelaufen.

Einige Monaten nach der ersten Begegnung der drei Gefährten auf einem der beliebten Cacher-Treffen hatten sich die anfangs durchaus mitgerissenen Freundinnen von Brezel, Latte und Pogo längst aus dem Staub gemacht. Sicher, die Mädchen fanden es toll, in der Natur zu sein. Sie trugen knallbunte Tops und steckten sich Feldblumen ins Haar. Aber spätestens an der 18. Station des Multi-Caches hatten sie ihren Ehrgeiz verloren. Urplötzlich war ihnen zu kalt geworden, zu dunkel oder irgendwie anders unwohl, am finalen Versteck beschlich sie panische Angst vor schmutzigen Fingern oder Kerbgetier. Irgendwann wurden sie von den Jungs einfach nicht mehr auf die Touren mitgenommen. Und irgendwann kehrten diese nach Hause zurück und mussten im Licht ihrer albernen Kopflampen feststellen, dass die heimischen Betten entweder gar nicht mehr oder anderweitig besetzt gewesen waren. Brezel, Latte und Pogo verloren niemals auch nur ein einziges Wort des Bedauerns darüber. Sie hatten ja noch einander. Und da ihnen bei der Ausübung ihres Hobbys nun keinerlei lästige Rücksichtnahme mehr im Weg stand, intensivierten sie in stillem Einvernehmen die Frequenz und die Ambition ihrer Dosensucherei. Sie zogen früh am Morgen los oder mitten in der Nacht, sie kletterten auf Felsen, krochen in Höhlen und brachen in verlassene Gebäude ein. Sie zählten Stufen oder Ziegelsteine, berechneten Quersummen, dechiffrierten seitenlange Texte und knackten die kompliziertesten Rätsel. Doch irgendwann wurden ihnen diese alltäglichen Herausforderungen fade. Wie die Grizzlys, die sich im Überfluss der wandernden Lachse schließlich nur noch die Eier der erbeuteten Fische schmecken lassen, so gierten die drei nach den Filetstücken des Cacher-Lebens, dem ersten Fund neu versteckter Schätze, dem sogenannten FTF. Hier am Wendelstein waren sie, wie bisher auch, wieder einmal einen Tick zu spät gekommen. Wahrscheinlich war das neue Versteck schon in den frühen Morgenstunden auf der zentralen Webseite veröffentlicht worden, denn die fünf Einträge vor ihnen waren auf die Zeiten zwischen sechs und acht Uhr datiert. Auf dem Rückweg zum Wagen verabschiedeten sie einen Vier-Punkte-Plan, der sie ihrem Ziel recht bald näher bringen sollte.

N 50°30.479 E 012°24.064 Schlossturm Auerbac **49** 08. April, 21:43 Uhr, scheißkalt für April

Wie am Wendelstein abgesprochen, hatte sich Pogo den Benachrichtigungsdienst für neu veröffentlichte Caches eingerichtet und ließ sich diesen in Dauerverbindung auf das Handy übertragen. Latte hielt seinen Kombi Tag und Nacht unter der Laterne vor dem Haus in Hab-Acht-Stellung, um im Ernstfall innerhalb von zwei Minuten die Umgehungsstraße erreichen zu können. Im Kofferraum waren in besonders stabilen Klappkisten Ausrüstungsgegenstände für alle erdenklichen Terrains in dreifacher Ausfertigung deponiert. Akkurat verstaut warteten hier schwimmfähige Seile, Super-Mega-High-Power-LED-Lampen, Magnete aus Neodym und Overalls aus atmungsaktivem Geheimstoff. Brezel checkte die Internet-Foren auf eventuelle Andeutungen von bekannten und aktiven Cache-Legern. Außerdem koordinierte er die freitäglichen Trockenübungen, indem er bei Pogo mit einer simulierten Veröffentlichungsmeldung den Start der Alarmkette herbeiführte. Ironischerweise befanden sie sich gerade auf einer ebensolchen Übungsfahrt kurz vor der Grenze zu Bayern, als Pogos Telefon die Freigabe eines klassischen Caches am Auerbacher Schlossturm meldete. Obwohl Latte umgehend auf der Bundesautobahn wendete und die zwei Kilometer bis zur nächsten Anschlussstelle in Anbetracht der relativ entspannten Verkehrslage kurzerhand als Geisterfahrer zurücklegte, hatte Brezel bereits eine böse Vorahnung, als er den mit einer Schnur an der Außenmauer des Schlosshofes abgehängten Cache-Behälter sorgsam emporzog. Das Logbuch verhöhnte ihren Eifer mit vier Einträgen. Latte machte ein Handyfoto für die Fehleranalyse-Sitzung und Brezel hustete vor dem erneuten Verschließen zweimal bazillig in den Behälter. Dann fuhren sie schweigend nach Hause.

N 50°26.938 E 012°18.387 Geigenbachtalsperre 50
26. April, 19:19 Uhr, diesig

Es schien fast perfekt. Pogo hatte eine App aufgetrieben, die Latte und Brezel nicht nur in Echtzeit mit den Veröffentlichungsdaten versorgte, sondern gleichzeitig auch die der aktuellen Verkehrslage angepasste, optimale Route ausspuckte. Allerdings gab sie die Richtungsanweisungen je nach Laune auch gerne mal in portugiesischer Sprache an. Unter anderem aus diesem Grund

näherte sich die Gruppe dem Versteck auf der Sperr-
mauer zwei Stunden nach der Veröffentlichung tragi-
scherweise aus Richtung Poppengrün. Wie sie später feststellen mussten, hätte man durch den minimalen Umweg
über Werda das Sperrwerk direkt anfahren und so gute
15 Minuten sparen können. Sie rannten mit ihren klap-
pernden Rucksäcken den Uferweg entlang, doch der von
der Wasseroberfläche aufsteigende Dunst dämpfte alle
Geräusche bis zu Lautlosigkeit. Brezel stolperte zweimal über Wurzeln, und Latte bohrte sich im Vorbeilau-
fen einen abgebrochenen Ast in den Oberschenkel. Als
sie keuchend die Mauerkrone erreicht hatten, sahen sie
drei Gestalten mit locker federnden Schritten im Dunst
verschwinden. In Brezels Nase platzte ein Gefäß.

N 50°28.585 E 012°22.188 Schlossfelsen Falkenstein 51 14. Mai, 5:46 Uhr, überwiegend heiter

An diesem Tag begannen sie zum ersten Mal ernsthaft
an ihrem erwarteten Erfolg zu zweifeln. Kurz nach
4 Uhr hatten ihre Geräte einen neuen Cache im Falken-
steiner Sektor gemeldet. Keine 30 Minuten später jagten
sie bereits in Lattes Kombi das Göltzschtal entlang. Im
Fond ordneten Brezel und Pogo schweigend die Ausrüstung und machten leichte Dehnungsübungen. Alle drei
schliefen schon seit Wochen in ihren Kampfanzügen, um
beim Start jeden Sekundenbruchteil zu sparen. Knapp
unterhalb des Felsens schlug Latte hart nach rechts ein
und bremste den Wagen auf dem Gehsteig ab. Im gleichen Moment hatten Pogo und Brezel bereits die Türen
des Fonds aufgestoßen und sich mit den Rucksäcken

bewaffnet auf dem Boden abgerollt. Wie Navy SEALs umschwärmten sie den Felsen und begannen damit, das Gestein auf eventuelle Hohlräume zu überprüfen. Eine Stunde später suchten sie noch immer mit wachsender Verzweiflung nach dem Behälter. Latte bezog Posten auf dem höchsten Punkt der Aussichtsplattform, um das Umfeld im Auge zu behalten, aber bis zu diesem Zeitpunkt hatte lediglich ein schnaubendes Müllfahrzeug die Ruhe hinter dem Felsen gestört. Ab 9 Uhr begann Brezel in einer unnatürlich hohen Tonlage zu summen. Gegen Mittag zogen sie schließlich unverrichteter Dinge ab, weil sie mit den Flecktarnanzügen und Motorradmasken zwischen den nunmehr zahlreicher werdenden Tagestouristen langsam aber sicher die Aufmerksamkeit privater und öffentlicher Sicherheitskräfte auf sich zogen, zumal neben dem Schlossfelsen eine gut frequentierte Bankfiliale beheimatet war. Am Nachmittag hatte bereits ein gutes Dutzend Cacher per Logbucheintrag auf der Webseite den erfolgreichen Fund gemeldet. Keiner der drei hat den Schlossfelsen jemals wieder betreten, eine Zeit lang umfuhren sie die ganze Gemeinde weiträumig.

N 50°26.256 E 012°23.662 Die Rissfälle 52
14. Juni, 19:08 Uhr, Unwetterwarnung

An diesem Tag sollte ihre Leidenschaft fast unmerklich in eine milde Form von Wahnsinn hinübergleiten. Noch während der üblichen Telefonkonferenz wegen der Veröffentlichung an den Rissfällen waren innerhalb der folgenden vier Minuten zwei weitere neue Caches gemeldet worden. Latte war schlecht zu verstehen, weil er zeitweise in eine Tüte atmen musste, um nicht vor Aufregung die Sinne zu verlieren. Allen war bewusst, dass sich durch die gehäufte Freigabe die Chance für wenigstens einen Erst-Fund unter den drei Möglichkeiten vervielfacht hatte. Brezel gab einen taktischen Plan vor. Er hatte nach dem Desaster am Schlossfelsen in den letzten Wochen alle Fotos der original mit dem Cache versteckten Logbücher analysiert. Unter den jeweils ersten drei Eintragungen gab es viel Abwechslung, aber immer wieder waren unter den Top-Five zwei Namen aufgetaucht: Susi-Susi und Technitzky. Während der erste Name stets mittels eines Aufklebers verzeichnet wurde, benutzte Technitzky einen Mikro-Stempel und ein seltenes Symbol für ein elektronisches Bauteil als Logo. Das war ein ernstzunehmender Gegner. Praktisch zeitgleich boten sich also Ziele in Auerbach, Hammerbrücke und Schöneck an. Mit ziemlicher Sicherheit lag Auerbach für die meisten der potenziellen Schatzjäger am günstigsten und es wäre somit ein Leichtes gewesen, diesem geografischen Vorteil aus Gründen einer bequemen Eitelkeit zu erliegen. Genau deshalb drängte Brezel auf den Vorrang der Rissfälle, obwohl das Ziel in Auerbach praktisch direkt an der Strecke lag. Als sie sich jedoch einige Minuten später vom Rissbrücker Weg her näherten, waren bereits von Weitem zwei hastig abgestellte Fahrzeuge am Waldrand auszumachen. Pogo fotografierte die Kennzeichen und zerstach aus recht praktischen Überlegungen einige Reifen, dann rasten sie weiter.

N 50°30.692 E 012°24.048 Göltzschtalgalerie Nicolaikirche Auerbach 53 14. Juni, 19:41 Uhr, erste Sturmböen

Es war nicht möglich, den Beamten klar zu machen, dass sie sich praktisch in einer Art humanitärem Einsatz befanden und aus diesem Grund die vorgegebene Höchstgeschwindigkeit hatten überschreiten müssen. Im Gegenteil, durch Brezels anhaltend beharrliche Argumentation im Zusammenspiel mit seiner militaristischen Erscheinung sah sich die Besatzung des Streifenwagens nicht nur zu einer ausgedehnten Prüfung der Dokumente, sondern im Anschluss daran auch zu den bewährten Tests auf Alkohol- und Drogenkonsum gezwungen. Das Steuer wurde ab da von Pogo übernommen, weil Latte seine Lizenz vermutlich für mehrere Monate verloren hatte und Brezel durch einen schlecht kontrollierbaren Aggressionsschub vorübergehend fahruntauglich schien. Als sie sich mit den Fäusten winkend von den Beamten verabschiedeten, war bereits der triumphierende Online-Log von Technitzky zu lesen. Die Nicolaikirche war damit für sie gestorben.

N 50°23.485 E 012°19.747 Schöneck, Alter Söll **54**
14. Juni, 21:11 Uhr, Blitz und Donner

Obwohl er näher an den Rissfällen gelegen hätte, nahmen sie sich den Alten Söll erst zum Schluss vor. Brezel war davon überzeugt, dass bei der aktuellen Unwetterlage kein noch so leidenschaftlicher Büchsensucher dumm genug gewesen wäre, sich auf einem derart exponierten Punkt in einem der höchstgelegenen Orte des Vogtlands dem Gewitter wie ein willkommener Snack zu präsentieren. Selbstredend fand diese durchaus besonnene und objektive Lageeinschätzung in ihrem eigenen Erfolgsplan keine Berücksichtigung. Sie verloren an diesem Abend durch einen Einschlag ins Geländer der Aussichtsplattform nicht nur den größten Teil ihrer empfindlichen elektronischen Ausrüstung, sondern beinahe auch ein verdientes Mitglied der Gruppe, als Brezel, durch den Blitz leicht gelähmt, von einer starken Windböe erfasst und vom Felsen gefegt wurde. Er verbrachte die folgenden zwei Wochen in der traumatologischen Abteilung in Schöneck, wurde aber hiernach für einen weiteren Monat an die Psychiatrie weitergereicht, weil ihm irgendwo auf den Gängen des Krankenhauses ein bedeutender Anteil der Realität abhanden gekommen war. Sie blieben über die Handys in ständigem Kontakt.

N 50°32.234 E 012°18.641 Treuener Schloss 55
12. August, 15:28 Uhr, Biergartenwetter

Der Cache am Treuener Renaissance-Schloss wurde von der Gruppe im Großen und Ganzen als Teilerfolg gewertet, obwohl der Erst-Fund in diesem Fall von der Rivalin Susi-Susi gezeichnet worden war. Die rückblickend positive Einschätzung beruhte vor allem darauf, dass es Latte gelang, Susi-Susi kurz nach ihrem Coup mithilfe einer erbeuteten Muskete anzuschießen. Möglich wurde diese beherzte Aktion durch das gleichzeitig ablaufende Schlossfest, bei dem wie in jedem Jahr unter der Beteiligung Hunderter Freizeitsoldaten Szenen aus dem Dreißigjährigen Krieg nachgestellt wurden. Pogo hatte im Umfeld des Schlosses durch den Kennzeichenabgleich mit den Daten vom Rissfälle-Cache den Wagen von Susi-Susi aufgespürt und die Gruppe beschloss, zumindest diese Rivalin für einige Zeit kaltzustellen. Latte hatte dabei das kürzeste Hölzchen erwischt. Zur Feier des Tages gönnten sie sich später noch etwas vom berühmten Eis der Stadt.

N 50°28.068 E 012°24.983 Felsenbühne Röthelstein **56** 18. September, 7:09 Uhr, Morgensonne

Hatte ihre Strategie bisher vor allem auf guter Abstimmung und erstklassigem Equipment beruht, so zogen sie zur Verbesserung ihrer Ergebnisse mittlerweile auch die Ausübung von brutaler Gewalt in Betracht. Bei Latte schien durch die positive Erfahrung mit der Muskete eine späte Liebe zu Handfeuerwaffen entfacht, Pogo war zwei Kampfsportvereinen beigetreten und Brezel hatte jede Menge Fachliteratur über klassische und moderne Gefechtstaktik durchgearbeitet. Das Territorium am Röthelstein bot nun hervorragende Bedingungen für einen ersten Test ihres radikal neuen Ansatzes. Sofort nach ihrer Ankunft am Zielort verteilten sie sich nach einem noch während der Fahrt abgestimmten Muster auf dem Gelände. Sie vergeudeten keine Minute mit der Schatzsuche selbst, sondern brachten ihre Waffen in Stellung und begannen damit, in geschickter Abstimmung von jeweiliger Reichweite und Durchschlagskraft alle offenen Flächen der idyllischen Naturbühne zu sichern. Bis zum zeitigen Mittag hatten sie das inzwischen durch die nachfolgenden Cacher lokalisierte Versteck bereits mehrfach erfolgreich verteidigt. So gut es eben ging, achteten die drei Schützen trotz allen Eifers aber dennoch darauf, keine ernsthaften Verletzungen zu verursachen.

In zwei Fällen, die sie zwischenzeitlich hinter dem Felsen deponiert hatten, hatte dies nicht zur vollen Zufriedenheit gelingen können. Eigentlich standen somit alle Signale auf Sieg. Doch so gründlich sie sich auch in der Sicherung zu ebener Erde zeigten, so nachlässig erwiesen sich ihre Anstrengungen zur Kontrolle des Luftraumes. Beseelt von ihrem vormittäglichen Erfolg beobachteten sie mit träger Belustigung eine fast lautlose Drohne beim Anflug auf den Felsen. Es dauerte diesen winzigen Augenblick zu lang, bis die drei begriffen, dass ihnen hier jemand in genauer Kenntnis der Lage mithilfe eines Spielzeug-Helikopters den sicher geglaubten Sieg entriss. Mit einem geschickten Flugmanöver löste der Pilot den unscheinbaren Behälter aus der Astgabel an der Flanke des Felsens, indem er einen Fanghaken in eine dafür vorgesehene Öse bugsierte. Im nächsten Moment sauste das Fluggerät über die Köpfe der verdutzten Freunde hinweg und verschwand hinter den Wipfeln in Richtung Nordost. Brezel glaubte später, an dessen Rumpf das Logo von Technitzky entdeckt zu haben. Unter einem verzweifelten Wutgeheul schickten sie noch einige Geschossgarben hinterher. Dann fuhren sie enttäuscht nach Hause.

N 50°26.256 E 012°23.662 Rittergut Adlershof **57**
09. Oktober, 20:04 Uhr, Bombenstimmung

Technitzky trat einen Schritt zurück und überprüfte die Tarnung der Stolperdrähte. Sein Cache war vor einer guten halben Stunde vom Reviewer freigegeben worden. Das hatte locker zum Scharfmachen gereicht. Da man nie wissen konnte, wie gut sich die alten Grubensprengstoffe über Tage noch machten, hatte er großzügig die eine oder andere Stange mehr in den Boden gesteckt. Das Rittergut war zwar in Sichtweite, aber der mächtige Erdwall am Versteck würde die volle Energie auf die von den Häusern abgewandte Seite lenken. Und natürlich auch auf jene, für die das ganze Schauspiel gedacht war.

Technitzky blickte auf. Es war höchste Zeit, sich in Sicherheit zu bringen. Am Ende des Weges konnte man schon Lattes Kombi erkennen.

Sie ließen den Wagen auf dem leeren Parkplatz gegenüber des Natur- und Umwelt-Zentrums stehen und rannten in geduckter Haltung über die angrenzende Wiese in Richtung der tief stehenden Baumgruppe, die ihnen das GPS-Gerät als ungefähres Ziel anzeigte. Kurz vor dem Erreichen der Senke hielten sie inne und sahen sich um. Als offensichtlich wurde, dass ihnen in diesem Moment niemand mehr den vermeintlichen Sieg nehmen konnte, machte Brezel eine beruhigende Handbewegung. Lockeren Schrittes und mit beinah alberner Höflichkeit ließen sie einander den Vortritt und komplimentierten sich gegenseitig über den Rand des Erdwalls, hinter dem sie im nächsten Augenblick für immer verschwanden.

Die Detonation war so überzeugend, dass die Kriminaltechniker auch nach Wochen nicht mit Sicherheit würden sagen können, ob es sich nach ihrer Ansicht nun um zwei oder drei Verunglückte handelte. Technitzky rieb sich das Ohr. Plötzlich fiel, eine kleine Rauchwolke hinter sich herziehend, das Logbuch vom Himmel direkt vor seine Füße. Er löschte den Rest eines Glimmens am Rand des Heftchens mit der flachen Hand und öffnete es vorsichtig. Ungläubig starrte Technitzky auf einen Eintrag, den es gar nicht geben konnte. Er war knapp sieben Minuten alt.

»Habe die Drähte nicht angefasst und die Zünder etwas besser getarnt. Danke fürs Verstecken! No Trade. Gerne wieder. Susi-Susi.«

47 Perlaser Turm: Das 1907 auf der Wilhelmshöhe im Naherholungsgebiet Perlas/Buch errichtete Bauwerk bietet von seiner Aussichtsplattform einen guten Blick über das gesamte mittlere Vogtland, unter besten Bedingungen sogar vom Frankenwald bis ins Thüringer Land. Der Perlaser Turm liegt direkt auf dem Vogtland-Panorama-Weg und dem Treuener Rundwanderweg.

48 Der Wendelstein: Die südlich der Stadt Falkenstein beheimatete Quarzit-Klippe kann über angelegte Treppen bestiegen werden, was trotz der durch den Baumbestand eingeschränkten Sicht ein lohnenswertes Erlebnis darstellt. Aufgrund seiner Beschaffenheit und Erschließung ist der Wendelstein auch als Familien-Kletterfelsen zu empfehlen.

49 Schlossturm Auerbach: Mit einer Höhe von 43 Metern und seinem exponierten Standplatz auf einem schroffen Felsen am Hang des Göltzschtales markiert der Schlossturm zusammen mit den umgebenden Anlagen die historische Keimzelle der Stadt. Über 179 Stufen gelangt man auf die Aussichtsplattform im Inneren des Turmes, der heute als eines der bedeutendsten Wahrzeichen der Drei-Türme-Stadt Auerbach gilt.

50 Geigenbachtalsperre: Die 1910 in Betrieb genommene Stauanlage aus Bruchsteinen ist die zweitälteste Talsperre in Sachsen. Die Anstauung des Geigenbaches dient der Trinkwasserversorgung und dem Schutz vor Hochwasser. Sehenswert ist vor allem das imposante Mauerwerk der komplett begehbaren Sperrkrone. Die Uferbereiche rund um den See laden unter Beachtung des Trinkwasserschutzes zum idyllischen Picknick ein.

51 Schlossfelsen Falkenstein: Der ehemalige Standort der kleinen Burg Falkenstein befindet sich heute im Zentrum der Stadt und bietet einen hervorragenden Blick auf die umliegenden Gebiete bis ins vogtländische Oberland. Der benachbarte kleine, aber feine Tierpark rundet den Besuch ab.

52 Die Rissfälle: Mehr plätschernd als tosend präsentieren sich dem Wanderer diese einst künstlich für das Flößergewerbe angelegten Wasserläufe in einer malerischen und teilweise verwunschen wirkenden Umgebung als imposantes Farben- und Formenspiel.

53 Göltzschtalgalerie Nicolaikirche Auerbach: Aus einer Kapelle, deren Geschichte bis weit vor 1500 zurückreicht, hervorgegangen, beherbergt das Gebäude heute mit der Göltzschtalgalerie eines der kulturellen Zentren der Stadt. Wechselnde Ausstellung und Veranstaltungen beleben und bereichern das Freizeitangebot. Die Göltzschtalgalerie Nicolaikirche gehört zur Vogtland Kultur GmbH. www.goeltzschtalgalerie-nicolaikirche.de

54 Schöneck, Alter Söll: Der ehemalige Sitz der Burg Schöneck, ein Grauwacken-Quarzitfels, bietet mitten in der höchstgelegenen Stadt des Vogtlandes einen imposanten Rundblick auf Elster- und Fichtelgebirge sowie den Thüringer Wald. Die vom Wind kalt geblasene Nase kann man sich wunderbar in der angrenzenden Brauschänke aufwärmen. Auf den Nachwuchs wartet der neu gebaute Burgenspielplatz.

55 Treuener Schloss: Das Kleinod der Spätrenaissance wird seit 2003 liebevoll und mit viel persönlichem Einsatz der Fördervereinsmitglieder restauriert. Das »Treuener Schloss unteren Teils« lädt in jedem August zu einem weithin bekannten Spektakel ein, bei dem Szenen historischer Eroberungen von in Feldlagern »hausenden« Freizeit-Rekruten nachgestellt werden. Außerhalb dieser fröhlichen Schlachten bieten Schlosskeller und Barocksaal Raum für vielseitige kulturelle Veranstaltungen.

56 Felsenbühne Röthelstein: Die mitten im Wald beim staatlich anerkannten Erholungsort Beerheide gelegene Naturbühne zeigt sich nicht nur beim alljährlichen traditionellen Pfingstsingen regionaler und überregionaler Chöre als traumhafte Kulisse. Als Kreuzung mehrerer wichtiger Wanderwege bietet sie auch den idealen Rast- und Picknickplatz für ausgedehnte Touren durch die vogtländischen Wälder.

57 Rittergut Adlershof/Natur- und Umweltzentrum Vogtland e. V.: Das bereits 1445 erstmals erwähnte Rittergut bietet nach einer umfassenden Rekonstruktion in den vergangenen 15 Jahren mit dem Natur- und Umweltzentrum (NUZ) und dem Bistro »Hofstub«, das einen neuen Pächter sucht, einen lohnenswerten Anlaufpunkt inmitten des mehrfach prämierten Ortskernes von Oberlauterbach. Mit einer Vielzahl an Aktionen und Erlebnistouren für Kinder und Erwachsene trägt das NUZ seit seiner Gründung zum Naturverständnis aller Generationen bei. Öffnungszeiten Bistro: Mittwoch bis Sonntag ab 12 Uhr.

DER KILOMETERMILLIONÄR

GUNNAR SCHUBERTH

»Sind Sie verrückt?«

Walter stieg aus seinem Wagen, sein Gesicht war so rot wie der Alarmknopf in einem Atomkraftwerk. Ruhig bleiben, er musste ruhig bleiben. Aber das war nicht so einfach. Dieser Idiot wäre ihm beinahe in seinen Golf gefahren.

»Sind Sie völlig bescheuert, noch ein bisschen, nur noch ein bisschen, dann wären Sie mir mit Ihrer blöden Karre in mein Auto gekracht, Totalschaden wäre das gewesen.«

Der Mann war aus seinem Auto gestiegen. Ein rotes Shirt spannte sich über einen mächtigen Bauch. ›Biertour 2012. Ich war dabei‹, prangte knallgelb auf dem Stoff.

»Jetzt mal ganz ruhig.«

»Wenn ich nicht gehupt hätte, dann wär das jetzt ein Auto für den Schrottplatz.«

»Jetzt mach mal halblang, bei dem Karren wäre das sowieso egal.«

Walter blieb die Luft weg. Karren hatte er zu seinem Auto gesagt. »Karren, wissen Sie eigentlich, was Sie da reden? Das ist ein besonderes Auto, ein ganz besonderes Auto. Wissen Sie, wie viel Kilometer dieser *Karren* auf dem Buckel hat, wissen Sie das?«

Der Mann glotzte ihn an.

»999.902 Kilometer. Noch 98 Kilometer, dann hat dieser *Karren* die Million voll, und ich bin ein Kilometermillionär. Im Autohaus Winter wird es am Montag wegen diesem Auto ein riesiges Fest geben. Sogar Madeleine Jäger wird kommen, kennen Sie überhaupt Madeleine Jäger?«

»Die Schlagertussi, die dauernd ihren Slip vergisst.« Der Dicke hatte ein Grinsen im Gesicht.

Walter legte sofort los. »Das sind bösartige Gerüchte der Presse. Üble Unterstellungen. Frau Jäger ist eine hochanständige Frau, ich war auf fast allen ihren Konzerten, hochanständig.« Das blöde Grinsen des Dicken brachte Walter zur Weißglut. »Am Montag werde ich sie treffen. Ich werde ihr Blumen überreichen.«

»Ein Slip wäre vielleicht besser.« Der Dicke gurgelte vor Lachen. Sein Bauch hob und senkte sich unter seinem T-Shirt wie ein riesiger Wackelpudding. Endlich beruhigte er sich. »Nichts für ungut, Kumpel«, sagte der Dicke. Er blickte anerkennend auf den Golf. »Eine Million, Respekt.« Er stieg in sein Auto, reckte seinen Kopf noch einmal durch das offene Seitenfenster. »Und passen Sie auf, dass nicht dieser Sträfling sich den Wagen schnappt.«

»Was für ein Sträfling?«

»Na, dieser Anton Rotter, haben Sie nichts davon gehört? Hier läuft ein entflohener Sträfling rum.«

Walter hatte die Wagentür seines Golfs geöffnet, blieb jetzt wartend stehen. Er hatte über Anton Rotter im Internet gelesen, von dem Ausbruch aus dem Hofer Gefängnis. »Aber der soll doch in Berlin sein.«

»Unsinn, man hat ihn hier in der Gegend gesehen. Ist vorhin im Radio gekommen. Bewaffnet und gefährlich, hieß es im Radio.«

»Gefährlich?«, wiederholte Walter.

»Passen Sie auf sich auf.« Der Mann startete den Motor und fuhr los in Richtung Ausgang des kleinen Parkplatzes.

Walter blieb unschlüssig stehen und dachte nach. Solange sich so ein gefährlicher Verbrecher hier herumtrieb, war es vielleicht besser, gleich nach Hause zu fahren und den Ausflug, bei dem er die fehlenden Kilometer bis zur Million verfahren wollte, auf morgen zu verschieben. Aber morgen wollte er seinen Golf auf Vordermann bringen, ihn waschen und sich auf die Begegnung mit Madeleine Jäger vorbereiten. Er wollte auf keinen Fall seinen Plan ändern, heute würde er exakt 90 Kilometer verfahren, sodass er am Montag auf der Rundfahrt um das Autohaus Winter genau die Million-Kilometer Marke erreichen würde. So sollte es sein, so war es festgeschrieben in seiner Vorstellung, nichts sollte daran etwas ändern.

»Es ist mir eine Ehre, Sie kennenzulernen.« Völlig blöde. Nur Idioten würden so etwas zu Madeleine Jäger sagen. Und er war kein Idiot.

Er lief durch den Garten des Miniaturschauparks **58** in Adorf, aber er hatte keinen Blick für die kunstvoll arrangierten Gebilde im Kleinformat.

Walter hatte alles genau geplant, aber jetzt erst schien ihm klar zu werden, was alles passieren konnte. Idioten wie den Dicken vorhin gab es massenhaft, und nun auch noch dieser Sträfling. In Adorf hatte es auch beinahe einen Unfall gegeben. In der Nähe des Freiberger Tors **59** hatte ihm ein Mercedes die Vorfahrt genommen.

Hätte Walter nicht aufgepasst, wäre ihm der Wagen in die Seite gefahren.

Aber dann gab er sich einen Ruck. Er musste damit aufhören, sich dauernd vorzustellen, was alles schiefgehen konnte. ›Glaub an die Liebe und alles wird gut.‹ So lautete Walters Lieblingslied von Madeleine Jägers letzter CD. Walter summte die Melodie leise vor sich hin.

»Mein Name ist Walter Härtlein, ich war auf fast allen Ihren Konzerten und bin immer wieder tief beeindruckt.« Nein, wie ein dummer Fan klang er.

Ihm fiel der Typ in der schwarzen Lederjacke am Eingangsbereich des Miniaturparks auf. Irgendetwas war mit dem. Vielleicht war das dieser entflohene Sträfling.

Jetzt wandte sich der Kerl nach rechts zum Botanischen Garten 60 und verschwand aus Walters Blickfeld. Wahrscheinlich war das nur ein harmloser Tourist. Ruhig bleiben, sagte sich Walter. Er sah schon überall Gangster und Autoknacker.

»Ich bin kein Mann, der viel Worte macht.« Das war völlig blöde. So konnte man nicht mit Madeleine Jäger reden.

Je länger er über den richtigen Satz nachdachte, desto nervöser wurde er. Ihm musste etwas einfallen. Der eine Satz, an dem Madeleine Jäger erkennen würde, wer er war.

Aber vielleicht würde er nur dastehen wie ein Idiot. Würde die Chance seines Lebens an sich vorüberziehen lassen, ohne etwas zu sagen. Wie ein Idiot.

Walter spürte es, als er auf das Auto zuging. Etwas stimmte nicht. Sein Golf stand auf dem Parkplatz neben dem Waldbad **61**, etwa hundert Meter vom Miniaturenpark entfernt.

War da jemand? Walter hatte geglaubt, einen Schatten zu sehen, der zwischen den Autos nur kurz sichtbar war. War das der Typ, der im Miniaturpark gewesen war, dieser große Typ mit der schwarzen Lederjacke und dem zernarbten Gesicht?

Irgendwo knackte ein Ast. Walter wandte sich um, suchte die Böschung hinter der Straße mit seinen Blicken ab, aber da war nichts. Er war einfach zu nervös. Dass er am Montag Madeleine Jäger sehen würde, machte ihn ganz verrückt.

Kurz entschlossen ging er zu seinem Golf, öffnete die Tür und zwängte sich auf den Sitz. Im nächsten Moment öffnete sich die Beifahrertür und ein Mann setzte sich neben ihn. Der Mann hatte eine Pistole in der Hand. Sie zielte direkt auf Walters Brust.

»Ganz ruhig bleiben, Mann, dann passiert gar nichts.« Der Mann war groß, sein Gesicht war vernarbt.

Walter dachte sofort an den Sträfling Anton Rotter. Das musste er sein.

»Ganz ruhig bleiben«, wiederholte der Mann.

Walter hatte den Zündschlüssel in der Hand. Er steckte ihn nicht ein, blickte wie hypnotisiert auf die Mündung der Pistole. »Was wollen Sie, was machen Sie in meinem Auto?«

»Ruhig, Mann, keine Fragen«, zischte der Mann.

Der Zündschlüssel in Walters Hand zitterte.

»Wir werden eine kleine Spritztour machen. Du und ich. Und wir werden dabei so tun, als wären wir Freunde.«

»Freunde?«

»Ja, Freunde auf einer Spritztour.«

Der Mann sah Walter durchdringend an. Walters Herz raste. Der Mann hob die Pistole leicht an, sodass die Aufmerksamkeit Walters ganz auf die Waffe gerichtet war. Dann steckte er sie mit einer langsamen Bewegung wie in Zeitlupe in die Innentasche seiner Jacke. Für einen Augenblick hatte Walter den Gedanken, einfach auszusteigen und abzuhauen. Aber das würde der Typ nicht zulassen. Und in einem Kampf hätte Walter keine Chance. Der Mann war ihm überlegen. Vor Jahren hatte Walter zwar einen Selbstverteidigungskurs gemacht. Doch die Tricks, die man ihm beigebracht hatte, hatte er schon lange vergessen. Und er war sich sicher, dass sie ihm nicht helfen würden. Nicht gegen diesen Typen, der ihn immer noch eindringlich ansah.

»Wie Freunde, die einen kleinen Ausflug machen, nur du und ich und niemand merkt etwas.«

»Wohin soll ich denn fahren?« Walters Stimme klang schrill, er musste endlich ruhig werden.

»Ist dein Tank voll?«

Walter nickte.

»Das ist gut, kennst du dich hier in der Gegend aus?«

Walter nickte wieder.

»Dann geht es erst mal nach Bad Brambach.«

Walter wollte den Zündschlüssel umdrehen, er zögerte.

»Mit diesem Trip, da gibt es ein kleines Problem.«

»Was für ein Problem?«

»Sie sehen es vielleicht nicht, aber dieses Auto ist etwas ganz Besonderes.«

»Was soll an dem Auto Besonderes sein?«

Walter drehte den Zündschlüssel um. »Sehen Sie auf den Kilometerzähler, er zeigt 999.902 Kilometer. Ich stehe 98 Kilometer vor der Million. Am Montag wird es deswegen im Autohaus Winter in Hof eine große Feier geben. Mir und meinem Auto zu Ehren.«

»Fahr los. Was interessiert mich das?«

»Kennen Sie Madeleine Jäger.«

»Diese Schlagerschlampe?«

»Madeleine Jäger wird auch da sein. Sie wird dabei sein, wenn mein Auto die Millionenmarke erreicht. Nur sie und ich werden im Auto sitzen, ich habe mir das gewünscht. Nach Bad Brambach kann ich Sie fahren. Aber wenn wir dann weiter durch die Gegend fahren und ich am Montag schon mehr als eine Million auf dem Tacho habe, dann wird sie nicht kommen.«

Im nächsten Moment war die Hand des Narbengesichts an Walters Hals. Der Mann drückte zu. Walter röchelte, der Griff war eisern.

»Hör zu, du Witzbold. Wir fahren jetzt nach Bad Brambach, und dann dorthin, wo ich will, meinetwegen bis ans Ende der Welt und deine Schlagerschlampe, die kannst du vergessen, hast du verstanden?«

Walter nickte. Das Narbengesicht ließ ihn los.

Er schnappte nach Luft, ließ den Motor an und fuhr aus der Parklücke.

»Kann ich Musik spielen?«, fragte Walter.

»Warum willst du Musik spielen?«

»Ist doch ganz normal, dass wir Musik hören. Ich meine, wenn zwei Freunde eine Spritztour nach Bad Brambach machen, so wie wir, dann hören die meistens Musik bei der Fahrt.«

»Meinetwegen.«

Walter schaltete den CD-Player an. Die Stimme von Madeleine Jäger ertönte. *»Bist du der Mann, den ich suche? Der Mann, der das Risiko liebt?«*

»Was ist das für ein Scheiß?«

»Madeleine Jäger. Ich habe Ihnen doch erzählt, sie wird am Montag singen, nur für mich.«

Der Mann starrte ihn einen Moment an, dann schüttelte er den Kopf, blickte nach draußen.

Nach Bad Brambach waren es noch 20 Kilometer. Wenn er den Mann dort loswerden könnte, dachte Walter, dann würde es noch funktionieren. Dann könnte er zurück nach Hof fahren, könnte dabei den Weg über Tschechien nehmen und in einem Restaurant einkehren, so wie er das geplant hatte. Danach könnte er sogar einen Abstecher nach Nentschau nehmen und sich an der Bäckerei Bayreuther einen Kuchen kaufen. Das wäre alles möglich, ohne die Million zu überschreiten. Irgendwie musste er den Mann austricksen. Er musste etwas tun, irgendetwas.

»Sind Sie Anton Rotter? Der Sträfling, der ausgebrochen ist.«

»Das geht dich einen Scheißdreck an.«

»Natürlich sind Sie Anton Rotter. Ich habe über Sie im Internet gelesen. Und im Radio war eine Meldung. Bewaffnet und gefährlich, hieß es da. Sind Sie gefährlich?«

»Ja, vor allem für Leute, die blöde Fragen stellen.«

»Warum haben Sie nicht ein Auto geklaut und sind selbst gefahren? Die gefährlichen Verbrecher aus dem Fernsehen, die machen das immer so.«

»Weißt du, dass du einem verdammt auf die Nerven gehen kannst?«

»Sie können das immer noch machen. Wir fahren auf einen Parkplatz, ich stehe auch Schmiere, so wie im Fernsehen, von mir wird niemand was erfahren, glauben Sie mir. Für mich ist nur wichtig, dass ich am Montag Madeleine Jäger sehe. Wir könnten in Bad Brambach zum Kurpark **63** fahren. Da finden wir sicher ein Auto. Oder wir fahren nach Tschechien, nach Dolní Paseky. Da gibt es eine Mineralquelle **64**, wo sicher 'ne Menge Ausflügler mit ihren Autos sind. Ich würde auch helfen, das Auto zu klauen. Zwei Freunde, die einen Ausflug machen und ein Auto klauen. Und Sie würden dann mit dem Auto weiterfahren. Und Sie können ganz sicher sein, dass ich Sie nicht verrate. Ein Freund verrät seinen Gangsterkumpel nicht. Und warum sollte ich auch? Die Polizei würde mich verhören wollen, wahrscheinlich würden sie den Golf beschlagnahmen. Wegen der DNA-Spuren. Deshalb würde ich schon nichts sagen, weil ich das Auto am Montag unbedingt brauche. Ehrenwort.«

»Halt endlich die Klappe. Du glaubst wohl, du bist ein ganz Schlauer. Nach Tschechien fahren, wo die wie blöd kontrollieren.«

»Dann nicht nach Tschechien. Fahren wir zum Schloss Schönberg **65**. Dort gibt es einen wundervollen Parkplatz. Und es soll wunderschön dort sein. Ein lohnendes Ausflugsziel für zwei Freunde auf Spritztour.«

»Hör auf.« Rotter hatte einen Moment die Beherrschung verloren, er warf sich zurück auf seinen Beifahrersitz. »Außerdem funktioniert das nicht.«

»Warum soll das nicht funktionieren?«

»Ich habe keinen Führerschein.«

Walter war einen Moment still. »Sie haben keinen Führerschein?«

»Nein, habe ich nicht.«

»Sollte ein Gangster nicht unbedingt einen Führerschein haben? Im Fernsehen haben die Gangster immer einen Führerschein. Kein Wunder, dass Sie hier noch rumhängen und noch nicht in Berlin sind.«

»Mann, das hat damit gar nichts zu tun, und jetzt halt die Klappe.«

Walter schwieg. Der CD-Player spielte Jägers aktuellen Hit.

»*Und wenn ich ihn sehe, weiß ich genau, das ist der Mann, der das Risiko liebt. Du bist der Eine und ich bin die Eine für dich.*« Unwillkürlich hatte Walter mitgesungen.

»Was für ein Schwachsinn.« Rotters Worte unterbrachen das Liebessäuseln von Madeleine Jäger.

»Das ist kein Schwachsinn«, sagte Walter. »Madeleine Jäger schreibt alle ihre Lieder selbst. Sie achtet darauf, dass sie in ihren Liedern authentisch ist.«

»Diese Jäger, ist das nicht diese Koksnudel?«

»Sie ist keine Koksnudel.« Walters Stimme war schrill. Rotter blickte ihn erstaunt an. Walter atmete tief durch. Er hatte diese Geschichten satt. In den letzten Wochen hatte es im Internet unzählige Berichte über die ›wahre‹ Madeleine Jäger gegeben. Ihr Sauberfrau-Image sei nur für ihre Fans, hieß es da. In Wirklichkeit würde sie sich Drogenorgien hingeben. Verwischte Fotos sollten beweisen, dass sie auf wilden Partys gänzlich auf Unterwäsche verzichtete. Wegen ihrer Alkoholexzesse sei sie Mitglied der prominenten Alkoholikerinnen. Die Gerüchte nahmen kein Ende.

Walter hatte sich tapfer dagegengestellt, hatte in zahllosen Foren immer wieder auf den untadeligen Charakter von Jäger hingewiesen, hatte die Berichte eine Schmutzkampagne genannt, von missgünstigen Konkurrentinnen in die Welt gesetzt. Aber es war ein Kampf gegen Windmühlen.

»Und wenn ich ihn sehe, weiß ich genau, das ist der Mann, der das Risiko liebt. Du bist der Eine und ich bin die Eine für dich.« Jägers Stimme dudelte resigniert aus dem CD-Player, als hätten sich die Gerüchte wie ein hässlicher Missklang auf die Melodie gelegt.

»Du glaubst tatsächlich, diese Schlampe meint das ernst, diesen Scheiß, den sie singt?«

»Das ist kein Scheiß, das ist Lyrik.« Walters Stimme klang müde.

»Ich suche einen Mann, der das Risiko liebt, der bereit ist für das Abenteuer, der mit mir geht bis ans Ende der Welt.«

»Du willst sie nageln?«

Walter schwieg.

»Du willst sie nageln, das ist es, was du willst.«

»Das ist nicht der Wortschatz, den ich benutze.«

»Natürlich willst du sie nageln. Aber wenn du ihr irgendeinen Scheiß aus ihren Liedern erzählst, wird das nicht funktionieren.«

»Ach, was wissen Sie über eine Frau wie Madeleine Jäger.«

»'ne Menge, über Weiber wie die Jäger weiß ich 'ne Menge.«

»Aha, und was sollte ich denn nun sagen, um sie … zu nageln?« Aus Walters Mund klang das Wort ›nageln‹, als würde er beim Aussprechen einen Elektroschock bekommen.

»Du darfst nicht drum rum reden. So eine wie die Jäger steht nicht auf romantisches Gerede. Die will es direkt. Sag ihr, dass du sie willst, jetzt und gleich. Das ist die einzige Chance. Bei irgendwelchem Gequatsche wird sie nur zickig.« Rotter grinste. Er machte ein Gesicht, als würde er sich vorstellen, es gerade mit Madeleine Jäger zu treiben.

Walter schüttelte den Kopf. Am Straßenrand erschien das Ortsschild ›Bad Brambach‹. »Und wo soll es jetzt hin?«, fragte Walter.

»Da vorne rechts und dann geradeaus.«

Das kleine Häuschen stand etwas abgeschieden am Ende des Ortes. Rotter befahl Walter, vor dem Haus zu parken.

»Was machen wir hier?«

»Nur reden, wenn du gefragt wirst.«

Walters Angst war wie eine Faust, die sich in seine Brust bohrte. Während der Fahrt hinter dem Steuer hatte er sich sicher gefühlt. Solange er fuhr, würde ihm Rotter nichts tun, er würde sich nicht selbst in Gefahr bringen. Aber jetzt war das anders. Was, wenn er ihn einfach beseitigen würde? Vielleicht wohnte in dem Haus ein Komplize, ein Gangster, der anders als Rotter einen Führerschein hatte.

Dann brauchte Rotter ihn nicht mehr.

»Und wenn der Mann, den ich liebe, das Richtige sagt, dann wird alles gut.« Walter sprach den Refrain

in Gedanken, als könnte er sich an die Worte von Jäger halten wie an ein Gebet.

Als er die Autoschlüssel aus dem Zündschloss zog, nahm sie ihm Rotter ab.

»Hör zu. Ich werde nicht mit der Pistole hinter dir herlaufen, ich habe die Autoschlüssel. Wenn du versuchst abzuhauen oder sonst einen Blödsinn machst, dann schlag ich dir das Auto zu Schrott.«

Walter nickte.

»Gehen wir.«

Walter hockte auf einem Holzstuhl in einer kleinen heruntergekommenen Wohnung. Rotter hatte ihn mit Klebeband an Händen und Füßen gefesselt. Einen Knebel hatte er ihm nicht angelegt.

Während Rotter ihn gefesselt hatte, hatte eine Frau mit grellen blonden Haaren am Küchentisch gesessen und auf einem Kaugummi gemahlen.

An der Tür war sie Rotter sofort um den Hals gefallen, und Walter hatte auf einmal verstanden, was Rotter hier wollte. Die Blonde war seine Gangsterbraut.

»Du kannst ruhig schreien, das macht sie an«, hatte Rotter mit Blick auf sie gesagt. Und dabei gegrinst. Bevor er sich mit der Blonden in ein Nebenzimmer verzog, hatte er Walter noch etwas Wasser eingeflößt.

Jetzt saß Walter hier. Er überlegte, laut um Hilfe zu rufen, ließ es jedoch. Es hatte keinen Sinn. Sie waren weit weg von jedem anderen Haus. Dann öffnete sich die Tür. Rotter kam herein, mit nacktem Oberkörper, die Arme waren tätowiert, ein Drachenkopf und chinesische Schriftzeichen. Rotter legte Walter sein Smartphone in den Schoß. Er hatte Kopfhörer angeschlossen und stöpselte Walter die Hörer in die Ohrmuscheln.

»Damit du dich nicht langweilst.« Er schaltete das Smartphone ein. Die Stimme von Madeleine Jäger. Rotter grinste ihn an. Er verschwand wieder und schloss die Tür.

Die Lieder von Jäger konnten die Geräusche aus dem Nebenzimmer nicht übertönen. Das Bett quietschte immer lauter, die Frau stöhnte und schrie, als würde sie den Leibhaftigen sehen. Und über allem klang die sanfte Stimme von Jäger.

»Du bist der Eine und ich bin die Eine für dich.«

Walter biss auf die Zähne, er musste durchhalten. Er versuchte sich auszurechnen, wie weit er noch mit dem Auto kam, ohne die Millionenmarke zu überschreiten. Doch das Problem war, dass er nicht wusste, wohin Rotter wollte. Wenn Berlin sein Ziel war, wie es im Internet geheißen hatte, sah es schlecht aus. Dann würden sie sich von Hof wegbewegen, und wenn sie erst einmal auf der Autobahn wären, war es vorbei mit dem großen Fest im Autohaus Winter.

Irgendwie musste er diesen Rotter loswerden. Er wusste, dass er ein gefährlicher Gegner war. ›Wer liebt, wächst über sich hinaus‹. Das war aus einem Lied von Madeleine Jäger. Heute war der Tag, an dem Walter über sich hinauswachsen würde.

Er war zu allem bereit, er würde sich nicht von einem dahergelaufenen Sträfling den Moment zerstören lassen, auf den er seit Monaten gefiebert hatte. Den Moment mit Madeleine Jäger, wenn der Kilometerzähler seines Golfs auf null springen würde. Die Anzeige würde sich weigern weiter zu zählen, weil das Auto eine magische Grenze überschritten hatte. Hinter dieser Grenze verbot sich das Kilometerzählen. Hinter dieser Grenze bedeutete jeder Kilometer mehr als nur zurückgelegte 1.000 Meter. Hinter dieser Grenze erzählte jeder Kilometer die Geschichte eines Siegs, die Geschichte von Walter, dem Kilometermillionär.

Das Quietschen des Bettes tönte lauter und auch Madeleine Jägers Gesang half nicht mehr. Walter hörte einen lauten Schrei und dann war es still.

Es dauerte, bis sich die Tür wieder öffnete. Rotter erschien. Auf seinem Gesicht war ein selbstzufriedenes Grinsen. »Jetzt geht es mir viel besser«, sagte er. Sein Grinsen wurde noch breiter. Hinter ihm erschien die Blonde.

»Und wie war es für dich?«, fragte Rotter. Walter gab keine Antwort.

Rotter fing an zu lachen, konnte sich gar nicht mehr beruhigen über seinen Witz, und die Schlampe hinter ihm fiel ein in das Lachen, während der Gesang von Madeleine Jäger in Walters Ohren leiser wurde und verklang, das Lied war zu Ende.

»Und wohin fahren wir jetzt?«

Walter hatte die Hände am Lenkrad. Er blickte in den Rückspiegel, um sich in den Verkehr einzufädeln. Die Straße war leer, kein Verkehr. Es war inzwischen acht Uhr, die Dämmerung hatte eingesetzt.

»Nach Berlin.«

Walter erstarrte. »Nach Berlin?«

»Ja, nach Berlin.«

»Ich kann nicht nach Berlin fahren.«

Rotter bewegte seine Hand zur Jacke, wo seine Waffe war. »Was heißt, du kannst nicht nach Berlin fahren?«

»Das sind zu viele Kilometer. Wenn ich nach Berlin fahre, dann gibt es das Fest im Autohaus Winter nicht. Madeleine Jäger wird nicht kommen, ich werde sie nicht kennenlernen, nichts wird geschehen, nichts.« Walters Stimme klang panisch, er hatte das Gefühl, gleich loszuheulen.

Rotter hatte auf einmal die Waffe in der Hand. Er hielt sie Walter an den Kopf.

»Bitte.« Walter redete, trotz der Pistolenmündung an seinem Kopf. »Wir können mit einem anderen Auto fahren. Nicht weit von hier ist das Heimatmuseum 66 . Fahren wir dorthin, dort gibt es einen Parkplatz mit massig Autos.«

»Wir haben schon ein Auto, dieses Auto hat schon fast eine Million Kilometer hinter sich, da kommt's auf die paar Hundert Kilometer auch nicht an. Außerdem geht das gar nicht, ein Auto einfach klauen und damit losfahren, die haben Wegfahrsperren.«

»Dann überfallen wir jemand und klauen den Schlüssel. In der Nähe ist auch 'ne Tankstelle, die Leute lassen oft einfach ihre Schlüssel stecken, wenn sie bezahlen wollen. Das ist unsere Chance.«

Der Schlag dröhnte in Walters Kopf, der Schmerz fuhr heftig in die Schädelwand, ein kurzer Blitz, danach Schwärze und das Bild wurde wieder klar. Rotter hatte Walter mit der Pistole gegen die Schläfe geschlagen.

»Wir fahren nach Berlin. Mit diesem Auto. Wenn du nicht fährst, bist du ein toter Mann.«

Walters Kopf dröhnte, er nickte und blickte in den Rückspiegel. Die Straße war noch immer leer.

25 Kilometer bis zur Autobahn. Walter klammerte sich am Lenkrad fest. Es war dunkel geworden, hatte zu regnen angefangen, er blickte immer wieder zum Kilometerzähler, noch 24 Kilometer bis zur Autobahn, 23 Kilometer. Jeder Kilometer, den sie fuhren, führte ihn weiter weg, weiter weg von seinem Treffen mit Madeleine Jäger.

Kurz vor Adorf zeigte ein Wegweiser nach Bad Elster **67**. Das Straßenschild leuchtete in der Dunkelheit wie eine Warnung. Sie waren schon fast vorbei, als Walter im letzten Moment das Lenkrad drehte und in die Straße einbog, Richtung Bad Elster.

»Verdammt noch mal, was soll das?«

Rotter schrie, Walter musste nicht den Kopf wenden, um zu wissen, dass Rotter seine Pistole in der Hand hatte, aber er konnte nicht schießen, er konnte ihm nichts tun, nicht jetzt, während er fuhr, das war Walters Chance.

»Was soll das?«, schrie Rotter noch einmal.

»Am Ortseingang von Bad Elster ist ein riesiger Parkplatz, da klauen wir einen Wagen. Ich fahre dich nach Berlin. Aber nicht mit dem Golf, nicht mit dem Golf.«

»Fahr zurück, fahr verdammt noch mal zurück. Man kann nicht so einfach ein Auto klauen, kapier das doch.«

Walter schüttelte den Kopf, er umklammerte das Lenkrad, sodass seine Finger sich verkrampften.

»Das wirst du bereuen, das wirst du verdammt noch mal bereuen«, zischte Rotter.

Walter zog den Kopf ein, als könnte er sich so vor der Wut von Rotter schützen. Sie passierten das Ortsschild

Bad Elster. Walter war zu schnell, er trat auf die Bremse, das Adrenalin in seinem Blut ließ sein Herz schneller klopfen.

Der Parkplatz am Ortseingang war verlassen. Nur einige wenige Autos verteilten sich auf dem Areal. Walter fuhr in eine markierte Parklücke vor einem kleinen Waldstück. Er drehte den Motor ab, ließ die Hände auf dem Lenkrad, atmete schwer.

»Ich bitte Sie, ich tue alles, was Sie wollen, aber ich kann nicht mit dem Golf nach Berlin fahren, nicht mit dem Golf. Am Montag ist der große Tag.«

Rotter hatte die Pistole in der Hand, sie war auf Walters Kopf gerichtet. Er steckte sie ein, beugte sich nach vorn, drehte den Zündschlüssel aus dem Schloss, steckte ihn in seine Tasche. Dann war er plötzlich aus dem Auto, lief um die Kühlerhaube, bis er an der Seite von Walter war. Für einen Moment sah dieser sein wutverzerrtes Gesicht. Dann trat Rotter zu, einmal zweimal gegen den Kotflügel. Walter war wie erstarrt, hielt sich am Lenkrad fest, als Rotter seine Tür öffnete, ihn packte und aus dem Auto zog. Er schleuderte ihn mit dem Kopf gegen die Fahrerscheibe, schlug ihn mit der Faust und Walter sackte zu Boden, blieb neben der offenen Tür liegen.

»Glaub bloß nicht, du kannst mich verarschen, glaub das bloß nicht. Du fährst jetzt nach Berlin, wir beide fahren nach Berlin.«

Walter kauerte am Boden, und Rotter trat zweimal mit dem Fuß gegen seinen Rücken. Walter nahm die Schläge hin, wagte es nicht, sich zu rühren.

»Was soll dieser Scheiß mit deiner Schlagertussi, glaubst du, die steht auf einen Typen wie dich?«

Wieder trat er gegen den am Boden Liegenden. »Glaubst du, die kommt, weil sie deine Million so toll findet? Die ist am Arsch und braucht die Kohle, deswegen kommt die.« Er trat noch einmal zu und Walter krümmte sich vor Schmerzen, rollte sich zusammen, als könne er sich so vor Rotter schützen. Dann ließ Rotter von ihm ab. Er atmete schwer, stand regungslos, wandte sich jetzt um und knallte die noch offene Fahrertür zu. Er lehnte sich dagegen, mit dem Rücken zu Walter.

Walter lag nach wie vor auf dem Boden, sein Rücken schmerzte, er fuhr mit der Hand über die steinige Erde, auf der Suche nach Halt, um sich aufzurichten. Dann spürte er den Stein, ein spitzer Stein, fast faustgroß.

»Und wenn ich ihn sehe, weiß ich genau, das ist der Mann, der das Risiko liebt. Du bist der Eine und ich bin die Eine für dich.« Walter hielt den Stein umklammert, er war der Mann, der das Risiko liebte. Er würde alles tun, um Madeleine Jäger zu treffen, und wenn das hieße, dass er Rotter töten musste.

Walter versuchte sich zu erinnern, was er in dem Selbstverteidigungskurs gelernt hatte. Ein Satz, den der Trainer gesagt hatte, war ihm im Gedächtnis geblieben: »Wenn dein Gegner dir das Ohr abbeißen will, wenn er es wirklich will, dann kannst du nichts dagegen tun, dann wird er das tun.« Der Trainer hatte behauptet, dass der Satz von Bruce Lee sei. Aber egal, von wem der Satz stammte, was er Walter sagte, war das Wichtige.

Der Wille war entscheidend. Wenn Walter wirklich Rotter umbringen wollte, dann würde es ihm gelingen. Und sein Wille war stark. Rotter wollte ihm den Augenblick nehmen, für den er seit Monaten lebte. Wenn er wieder mit Rotter in das Auto steigen würde, dann würde er Madeleine Jäger nicht sehen. Sein Golf würde die magische eine Million erreichen, irgendwo auf einem trostlosen Autobahnabschnitt zwischen Plauen und Berlin. Und Madeleine Jäger würde nicht neben ihm sitzen und er könnte ihr nicht sagen, wie wichtig das für ihn war, wie sehr er auf diesen Moment hingefiebert hatte.

Das durfte nicht geschehen. Sein Wille war stark. In den Filmen, in Szenen, wo der Held oder der Gangster sich in letzter Sekunde retten konnte vor einem tödlichen Angriff, war es immer so, dass der Angreifer mit der Waffe in der Hand gezögert hatte.

Es gab tausend Dinge, die einen zögern ließen: Moralvorstellungen, die Erkenntnis, etwas Ungeheuerliches zu tun, etwas, das das Gleichgewicht der Welt störte und nach Vergeltung schrie. Und es war dieser Moment, der dem Angegriffenen die Chance gab, zu entkommen.

Doch Walter zögerte nicht. Er richtete sich auf, in der Hand den Stein. Rotter drehte ihm immer noch den Rücken zu. Das Überraschungsmoment war auf Walters Seite. Rotter rechnete nicht mit einem Angriff, nicht von einem wie Walter. Und Walter hob die Hand, er legte alle Kraft in den einen Schlag, mit dem spitzen Stein gegen den Kopf. Er schlug zu, Rotter schwankte nicht und Walter schlug noch einmal zu, und noch einmal.

Walter tat es für Madeleine Jäger, für sein Treffen mit ihr. Wie besessen hämmerte er die Faust mit dem Stein gegen den Kopf von Rotter. Der Körper rutschte auf die Karosserie, Rotter sackte zusammen, der Kopf seitwärts auf dem Seitenfenster. Walter sah das Gesicht, voller Blut, den überraschten Gesichtsausdruck. Damit hatte Rotter nicht gerechnet, dass einer wie Walter ihm den Traum von der Freiheit zerstören würde.

Und dann hörte Walter auf, weil ihm der Atem fehlte, weil er nicht mehr konnte. Und in diesem Moment richtete sich Rotter auf, schwankend, fasste Walter mit der Hand an den Hals und das blutige fratzenhafte Gesicht von Rotter war ganz nah, wie ein Untoter, der ihn mitnehmen wollte in den Schlund des Vergessens.

Aber der Griff war nicht mehr stark, er erlahmte. Walter schlug noch einmal zu, hörte nicht auf, weil Rotter sich immer noch bewegte, weil er nicht sterben wollte, der Kopf wollte nicht sterben und nicht sein Arm. Walter hatte das Gefühl, er müsste jedes Körperteil extra töten, bis Rotter endlich aufgab und still liegen blieb. Walter ließ den Stein fallen, er roch seinen Schweiß und das Blut und ihm war so übel, dass er kotzen wollte.

Walter keuchte. Die Hände auf den Knien würgte er. Rotter lag auf dem Rücken, und die toten Augen erschreckten Walter.

Die nächsten Stunden handelte Walter wie in Trance. Er verscharrte die Leiche mit dem Werkzeug aus seinem Auto in dem Waldstück hinter dem Parkplatz. Es war schon dunkel, und niemand sah ihn, wie er den toten Körper mit Erde und Gebüsch bedeckte. Man würde ihn finden, es würde ein paar Tagen dauern, aber Walter hatte keine Zweifel, dass man die Leiche entdecken würde.

Doch auch wenn das passierte, niemand wusste etwas von ihm. Außer der Blonden, und die würde ihn sicher nicht verraten. Wer wusste, ob sie ihn überhaupt erkennen würde, sie hatte nur Augen für Rotter gehabt.

Wenn er klug war, dann würde ihm nichts geschehen. Dann würde er ohne Folgen aus der ganzen Sache
herauskommen. Selbst wenn die Polizei herausfinden
würde, dass er von Rotter gekidnappt worden war, dann
konnte er immer noch sagen, dass er in Notwehr gehandelt hatte. Rotter war ein Sträfling, bewaffnet und gefährlich, er hatte ihn mit der Pistole bedroht, der Mord war
Notwehr gewesen. Du hast in Notwehr gehandelt, sagte
er sich immer wieder.

Auf dem Heimweg nach Hof dachte er an den Satz,
mit dem er Madeleine Jäger begrüßen wollte: »Und wenn
ich dich sehe, weiß ich genau, du bist die Eine und ich
bin der Eine für dich.«

Er flüsterte den Satz, er klang leer und hohl.

Zu Hause angekommen, blieb er fast die halbe Nacht
wach. Er hörte sich die ›Best of‹ von Madeleine Jäger an,
lag auf der Couch mit einem Bier.

Es war anders als sonst. Die Texte erschienen ihm
nichtssagend, er schloss die Augen und sah wieder Rotters Gesicht, die blutende Fratze, das Erstaunen in seinen Augen. Walter war ein Mann, der ein Risiko eingegangen war, aber er war nicht der Mann, den Madeleine
Jäger in ihrem Lied besang.

»*Und wenn ich ihn sehe, weiß ich genau, das ist der
Mann, der das Risiko liebt. Du bist der Eine und ich bin
die Eine für dich.*«

Den Tag im Autohaus erlebte er wie in einem Film. Er
war da, aber war er wirklich die Hauptperson?

Der Himmel war trüb, die Musik aus riesigen Lautsprechern klang blechern und falsch. Der Sekt, den er trank, war zu süß, aber er hatte das Gefühl, als müsste es so sein.

Dann erschien Madeleine Jäger, sie war anders als in seiner Vorstellung, eine blasse Frau in einer roten Jacke. Hätte sie Walter auf der Straße getroffen, er hätte die berühmte Schlagersängerin nicht erkannt. Sie gab Walter die Hand, sagte etwas. Es war auf einmal so laut, dass die scheppernde Musik alles verschluckte, und Walter nickte nur immer wieder.

Erst als sie im Auto waren, er am Steuer und neben ihm Madeleine Jäger, war es ruhiger. Walter fühlte sich immer noch, als würde er neben sich sitzen und sich beobachten, wie er konzentriert fuhr, im Schritttempo. Der Blick ging immer wieder zum Kilometerzähler.

Dann bemerkte Walter, dass die Ziffern des Kilometerzählers sich beim Stand von 999.999 bewegten. Er trat auf die Bremse und stoppte. Walter starrte auf den Anzeiger.

»Ich sollte jetzt ein Foto machen.«

Aber er holte sein Handy nicht aus seiner Jackentasche, sondern blieb regungslos sitzen, sah zu Madeleine Jäger. Sie war bleich, erst jetzt fiel ihm auf, wie bleich sie war.

»Ich habe einen Mann umgebracht«, sagte Walter.

Er schwieg, wartete darauf, dass Madeleine Jäger etwas sagte, aber sie blieb stumm.

»Er wollte alles versauen. Er hat mich entführt, er wollte, dass ich ihn nach Berlin bringe. Mit dem Auto, dann wäre dieser Moment jetzt irgendwo auf der Autobahn passiert.«

Er stockte einen Moment, redete dann weiter.

»Ich habe mich so auf diesen Moment gefreut. Seit ich gewusst habe, dass ich Sie treffe, war ein Sonnenschein in meinem Leben. Da konnte ich nicht zulassen, dass das passiert.«

Er hörte ein Geräusch neben sich. Madeleine Jäger würgte, hustete dann. Was war los mit ihr?

Walter redete weiter, als müsste er beichten. Er konnte die Geschehnisse nicht länger für sich behalten.

»Ich habe ihm mit 'nem Stein den Kopf eingeschlagen. Ich musste dauernd zuschlagen, er wollte nicht sterben, er wollte nur nach Berlin, hatte aber keinen Führerschein, das war blöde. Ich habe ihm das auch gesagt, ein Gangster sollte unbedingt einen Führerschein haben.«

Er starrte vor sich hin. Dann legte er den Gang ein und fuhr los. Ein paar Meter, dann hatten sich die Neuner auf dem Kilometeranzeiger gedreht, und weil der Anzeiger keine sieben Stellen hatte, erschienen nur Striche, Walter stoppte wieder abrupt, ließ den Blick nicht los von dem Kilometeranzeiger. Er hatte alles um sich vergessen, holte das Handy heraus.

In diesem Moment beugte sich Madeleine Jäger vor – und kotzte. Kotzte direkt auf das Armaturenbrett, und Walter sah zu, wie der Schleim aus Essensresten über den Tacho lief.

»Der Scheißwodka gestern«, sagte Madeleine Jäger und wieder würgte sie und ein zweiter Schwall Kotze traf den Tacho, und endlich drückte Walter auf den Auslöser der Kamera, um den magischen Moment zu fotografieren, an dem sein Golf die Grenze überschritt und er zum Kilometermillionär wurde.

Dann war es vorbei. Der scharfe Geruch nach Erbrochenem stieg Walter in die Nase. Madeleine Jäger neben ihm würgte, als müsste sie sich wieder erbrechen und draußen wurde die Musik lauter.

Aus den Lautsprechern schepperte das Lieblingslied von Walter: ›Glaub an die Liebe und alles wird gut‹.

58 Miniaturschauanlage Klein-Vogtland: In der Miniaturschauanlage Klein-Vogtland in Adorf stellt sich das Vogtland mit seinen Bauwerken vor. In einem idyllisch gelegenen Park sind Vogtlands schönste Wahrzeichen im Kleinformat detailgetreu nachgebildet.

59 Freiberger Tor Adorf: Das Freiberger Tor ist das einzige noch vollständig erhaltene Stadttor des Vogtlandes. 1778 fertiggestellt befand sich im Erdgeschoss einst das Domizil des Torwächters. Seit dem Jahr 1955 beherbergt das Stadttorhaus das städtische Museum mit der größten musealen Perlmuttausstellung Deutschlands. Sie erinnert an die Perlenfischerei im Vogtland.

60 Botanischer Garten: In der Miniaturschauanlage Klein-Vogtland befindet sich auch ein Botanischer Garten, der einen beeindruckenden Einblick in die alpine Flora bietet. Tausende Pflanzen der verschiedensten Hochgebirge aus aller Welt werden dem Besucher präsentiert.

61 Waldbad Adorf: Von Bäumen umgeben liegt das Waldbad Adorf in der Nähe von Klein-Vogtland. Neben einer herrlichen Panoramaliegewiese gibt es auch Wasserattraktionen wie Strömungskreisel, Massagedüsen und eine Sprunganlage. Für die Kleinsten bietet das Waldbad einen Wasserspielplatz.

62 Bäckerei Nentschau: Die Nentschauer Bäckerei Bayreuther ist im ganzen Vogtland bekannt für ihre Käse-, Kärwa- und Streuselkuchen. Ein wahrer Genuss sind die leckeren Mohnstollen. Dafür kommen die Kunden auch aus Sachsen und Thüringen extra angereist.

63 Kurpark Bad Brambach: Der Kurpark Bad Brambach steht unter Denkmalschutz. Bis 1892 reichen seine Anfänge zurück. Brunnenhäuser, Brücken und Wasserspiele geben ihm ein einzigartiges Flair. Der Park bietet blühende Orchideenwiesen für den Naturliebhaber und ein ausgedehntes Wanderwegnetz für die sportlichen Gäste.

64 Dolní Paseky: Das tschechische Dorf Dolní Paseky ist bekannt für seine Mineralquelle in einem Pavillon. Das Heilwasser aus dieser Quelle schmeckt angenehm und wird als Tischwasser empfohlen.

65 Schloss Schönberg: Das Schloss Schönberg aus dem Jahr 1563 beeindruckt mit seinen wertvollen Renaissance- und Barock-Stuckdecken. Eine Dauerausstellung zeigt Schmuckstücke und künstlerische Malereien. Nach einem Rundgang durch die Räumlichkeiten findet man im liebevoll restaurierten Schlosscafé eine Speisekarte mit kulinarischen Köstlichkeiten.

66 Heimatmuseum Bad Brambach: Viel Wissenswertes über die Geschichte des Kurortes Bad Bram-

bach erfahren Sie im Heimatmuseum Bad Brambach. In einem restaurierten Bauerngut aus dem
Jahre 1811 veranschaulichen zahlreiche Exponate
die Geschichte der Menschen, die hier lebten und
leben. Die Öffnungszeiten: Mittwoch und Samstag
14 Uhr bis 17 Uhr.

67 Bad Elster: Johann Wolfgang von Goethe würdigte
Sachsens traditionsreiches Staatsbad Bad Elster in
seinem Epos »Hermann und Dorothea«. 1848 zum
»Königlich Sächsischen Staatsbad« erhoben, zählt
Bad Elster heute zu den renommiertesten Heilbä-
dern Deutschlands.

SCHIESSBEFEHL

ROLAND SPRANGER

Da ist das Schwein ja.

Sascha legt das große Badetuch ein paar Meter von Jens und dessen Frau entfernt auf die Wiese.

Die bloß nicht anschauen jetzt. Soll nicht so ausschauen, als würde ich ihre Nähe suchen. T-Shirt über den Kopf. Gürtelschnalle auf. Hose runter. Im gestreckten Lauf zum Badesteg. Meine Füße trommeln auf den Holzbrettern. Mit einem Kopfsprung ins Wasser. Das ist auf jeden Fall aufgefallen. Gut. Die sollen sehen, dass ich Spaß habe. Dass ich nicht nur darauf warte, sie anzuquatschen. Auf die Idee dürfen die gar nicht kommen.

Nach ein paar Schwimmzügen unter Wasser taucht Sascha auf. Er beginnt zu kraulen, umrundet die Insel inmitten des Badesees. Ein paar Kinder in einem Gummiboot feuern ihn an. Heftig atmend steigt Sascha aus dem Auensee 68 .
»Herrlich erfrischend, das Wasser«, sagt Sascha, während er sich abtrocknet. Jens tut so, als würde er es gar nicht bemerken und schaut angestrengt zu einem Vater in roter Baywatch-Badehose, der seinem Sohn das Schwimmen beizubringen versucht. Brigitte antwortet sofort: »Das Wasser hat eine super Qualität. Genau wie die Luft.«

Hab ich euch. Hab ich euch. Hab ich euch.

»Sie kennen sich hier anscheinend aus. Sind Sie öfter hier?«

Brigitte nickt eifrig. »Wir haben einen Wohnwagen auf dem Campingplatz. Fest. Uns gefällt es hier so gut, dass wir mehrmals im Jahr herkommen.« Brigitte lächelt.

Jens schaut angestrengt in die Landschaft. »Ich bin auch auf dem Campingplatz. Nur ein kleines Zelt auf der Wiese. Eines von den Wurfzelten, die sich von selbst aufstellen.«

»Das ist eine ganz tolle Erfindung«, antwortet Brigitte. Sie lehnt sich an Jens und streichelt ihm durchs Haar. »Wir wären froh gewesen, wenn es solche Dinger zu unserer Zeit gegeben hätte, was Vati?«

Jens reagiert nicht. Brigitte stößt ihn mit dem Ellbogen.

»Sag doch mal was.«

Jens schaut zu Sascha. Kurz.

»Ja, irgendwas hat immer gefehlt beim Zeltaufbau. Jetzt fehlt nichts mehr.«

Jens legt sich auf die Decke und schließt die Augen.

»Ich bin wegen Jean Paul hier.«

»Tatsächlich?« Brigitte ist weiter kommunikativ. »Im Dorf gibt es ein kleines Museum.«

»Ich weiß. Ich hab das Jean-Paul-Museum **69** gestern besucht. Heute kennen Jean Paul nur noch Experten, aber zu seiner Zeit war er so populär wie Goethe. Vielleicht sogar noch ein wenig bekannter.«

»Soweit ich weiß, hat er sich in Joditz sehr wohl gefühlt.«

»Es war die glücklichste Zeit in seinem Leben. Zumindest hat er das geschrieben.«

»Wahrscheinlich fühlt sich jeder in seiner Kindheit am wohlsten.«

»Die meisten.«

Was wissen die von meiner beschissenen Kindheit? Aber sie werden sie kennenlernen. Brigitte hab ich an der Angel. Da kann Jens so unbeteiligt tun, wie er will. Das Schwein hat meine Kindheit, meinen Vater auf dem Gewissen. Er wird später seiner Brigitte keine Vorhaltungen mehr machen können, dass sie zu gesprächig gewesen ist. Die Falle schnappt zu, Scheißkerl.

Schnell sind sie beim Du angelangt und Brigitte lädt Sascha zum Grillen ein. Sascha nimmt begeistert an. Mit gespielter Begeisterung.

»Wir würden uns freuen«, sagt Brigitte.

Als Jens nicht antwortet, fügt sie hinzu: »Nicht wahr, Vati?«

Jens nickt mit geschlossen Lidern. »Klar, wir würden uns freuen.«

Um den Wohnwagen von Brigitte und Jens stehen akkurat geschnittene Hecken, vor denen Blumen eingepflanzt sind. Gartenzwerge halten Wache. Eine Satellitenschüssel leuchtet im Sonnenuntergang. Jens hat sich ein paar Mal hinreißen lassen, mit einem süffigen regionalen Bier anzustoßen. Ansonsten kümmert er sich darum, die Kohle im großen Kugelgrill möglichst gleichmäßig glühen zu lassen.

»So einen Ort findet man in Berlin nicht so leicht«, sagt Brigitte, »da muss man schon eine halbe Ewigkeit fahren und da sind dann alle. Und ich brauche auch kein Mittelmeer. Hier ist das Wetter besser, als allgemein erwartet.«

»Ich finde die Landschaft irgendwie entspannend«, antwortet Sascha.

»Ja, das ist sie.«

Sascha fährt herum, als er die Stimme von Jens hinter sich hört.

»Entspannt.«

Jens legt Bratwürste auf den heißen Grill. Sofort geben sie ein zischendes Geräusch von sich. Nach einer Weile beginnt das Fett zu pfeifen.

»Ich will meine nicht so dunkel«, ruft Brigitte ihrem Mann zu. Der straft sie mit einem verächtlichen Blick. Unterschiedliche Bratwurst-Philosophien, die aufeinander prallen.

Nach Anstoßen und Bratwürsten und Anstoßen und Steak mit Kartoffelsalat und Curry-Gewürzketchup und wieder Anstoßen stellt Jens fest, dass die Biervorräte zu Ende gegangen sind. Er macht sich auf den Weg zur See-Gaststätte, um für Nachschub zu sorgen.

Das ist meine Gelegenheit. Er macht es mir leicht.

Sascha unterhält sich mit Brigitte noch eine Weile über die Vorzüge der Provinz und den öffentlichen Nahverkehr in Berlin. Endlich muss sie aufs Klo und verschwindet im Wohnwagen. Er holt das Pulver aus seiner Hosentasche und schüttet es in ihren Bierkrug. Mit der Gabel des Grillbestecks rührt er um. Als Brigitte zurückkommt, sitzt er entspannt auf seinem Gartenstuhl und lächelt ihr entgegen. Dann prostet er öfter mit ihr als notwendig. Ihre Flirtversuche beantwortet er mit einem vielfältig interpretierbaren Lächeln. Dann erzählt er ihr von seinen Plänen für den morgigen Tag.

Als Jens mit dem Bier zurückkommt und drei Flaschen entkorkt, sagt Brigitte freudestrahlend: »Sascha will morgen den Jean-Paul-Weg **70** von Joditz bis nach Hof wandern. Da könnten wir uns doch anschließen.«

Jens nickt. Sie prosten und verabreden sich für den nächsten Tag.

Zurück im Zelt überprüft Sascha seine Ausrüstung. Er packt außer einer Regenjacke das Pfefferspray, den Elektroschocker und sein Klappmesser in den Rucksack. Er ist vorbereitet.

Als Sascha am nächsten Morgen zum Wohnwagen kommt, wartet Jens in Wandermontur bereits davor.

»Seid ihr startklar?«, fragt Sascha freudig.

Ich werde noch ein guter Schauspieler. Ich bin soooo nett, obwohl ich ihm am liebsten an die Gurgel gehen würde.

»Brigitte kann nicht mitkommen.«

»Warum?«

»Sie hat sich einen Magen-Darm-Virus eingehandelt. Sie kommt überhaupt nicht mehr runter vom Klo.«

»Wollen wir den Ausflug verschieben?«

»Nein, ist schon in Ordnung. Sie wünscht uns viel Spaß.«

»Den werden wir haben.«

Als erstes Etappenziel wandern sie zum Jean-Paul-Felsen **71** über Joditz. Es geht steil bergan. Die beiden Männer können die Atmung ihres jeweiligen Gefährten hören.

»Jean Paul ist gerne mit verbundenen Augen auf Berggipfel gestiegen, um sich oben von der Aussicht überraschen zu lassen«, sagt Sascha.

»Ich lass mir nicht die Augen verbinden.«

»Schon klar. Das machen keine normalen Menschen. Das machen Dichter. Die sind nicht zurechnungsfähig.«

Auf dem Felsen haben sie einen wunderbaren Blick über das Saaletal und über das Dorf Joditz. Idyllisch.

Metallumzäunung. Ich könnte ihn an den Füßen packen und darüberwerfen, aber nirgendwo geht es so steil hinab, dass er sich auf jeden Fall das Genick bricht. Selbst die Felsen in dieser Landschaft sind zu lieblich. Gute Aussicht, aber sterben lässt es sich nur mit Mühe.

Sie genießen eine Weile die Aussicht und lesen das Jean-Paul-Zitat auf einer Metalltafel. Anschließend steigen Jens und Sascha zurück ins Tal. Sie folgen dem Flusslauf. Breite Wiesen. Hin und wieder ein Maisfeld.

»Manchmal verwüsten die Wildschweine die Felder«, sagt Jens.

»Die Wildschweine?«

»Ich bin da vorne an der Abzweigung mal den Weg

hoch. Und plötzlich standen mir 30 Wildschweine gegenüber.«

»Und was hast du gemacht?«

»Ich bin vorsichtig umgekehrt.«

Sie erreichen die Fattigsmühle 72 . Eine ehemalige Wassermühle, mit vielen Möglichkeiten für einen Mord, aber eigentlich zu idyllisch gelegen dafür.

»Das ist Originalfachwerk aus dem 17. Jahrhundert«, erklärt Jens.

»Romantisches Franken.«

»Das Bier, das hier ausgeschenkt wird, ist noch romantischer.«

In der Gaststätte ordern sie zwei Bier und nehmen damit auf den Bänken unter den Felsen Platz. Sie stoßen miteinander an.

»Wirklich zauberhaft«, sagt Sascha, »schade, dass Brigitte nicht hier sein kann.«

Einen Moment huscht etwas Dunkles über Jens' Gesicht.

Wahrscheinlich nur ein Schatten. Der Wind spielt mit den Baumwipfeln. Ich lass mich doch nicht von einem Schatten verrückt machen. Egal, auf welch ekelerregende Fresse er fällt. Ganz hinten in den Augen war ein Blitzen. Einbildung.

»Wir können ja mal her wandern, wenn sie wieder fit ist«, sagt Jens. Und dabei schaut er wieder freundlich.

Zu freundlich. Weiß er etwas? Egal. Ich bin kampfbereit. Ich habe zu lange den Schmerz gefressen, den er verur-

sacht hat. Wut steckt in mir. Ich zerreiß ihn in der Luft,
wenn es darauf ankommt.

Nachdem das Bier leer getrunken ist, folgen sie dem Lauf der Saale. Einige der Tafeln mit Jean-Paul-Zitaten sind so zerkratzt, dass man die Inschrift nicht mehr lesen kann.
»Wer macht so was?«, fragt Jens.
Sascha zuckt mit den Schultern.
»Vielleicht Jean-Paul-Gegner. Oder betrunkene Jugendliche bei einem Vatertagsausflug.«
Die dramatisch geschwungenen Brückenpfeiler der Saalebrücke **73** der Vogtlandautobahn A 72 von Hof nach Chemnitz bauen sich majestätisch vor ihnen auf. Während sie hindurch gehen, sagt Sascha: »40 Jahre lag die Autobahn über uns im Dornröschenschlaf. So lange es die DDR gab, war sie eine Sackgasse, die am Eisernen Vorhang endete.«

Der Drecksack zeigt keine Reaktion. Obwohl ich in seine
Vergangenheit hineinbohre. Hat sich gut unter Kontrolle.

»Die haben in den 70er-Jahren auf dem verwaisten Stück Autobahn einen TATORT gedreht, der auf dem Transit nach Berlin spielt«, erzählt Sascha. Schnell fügt er hinzu: »In der DDR. Marius Müller Westernhagen hat die Hauptrolle gespielt.«
»Du kennst dich ziemlich gut mit Fernsehkrimis aus, die vor deiner Geburt gedreht wurden.«
»Kannst du alles im Internet sehen. Wenn du willst, können wir in den nächsten Tagen das Deutsch-Deutsche-Museum in Mödlareuth besuchen. Da erfährt

man viel über die Zeit. Warst du mit Brigitte schon mal dort?«

»Nein, noch nie.«

Weil es dich an deine Scheiße erinnert, aber deine Scheiße ist auch meine Scheiße.

Durch das enge Tal braust der Fluss über Felsbrocken. Das Ufer ist brusthoch bewachsen mit Brennnesseln und Springkraut. Es ist herrlich düster. Verwunschen.

Sascha greift in seiner Jackentasche nach dem Pfefferspray und bleibt stehen. Er dreht sich zu Jens um, der ein paar Meter hinter ihm läuft. Jens tritt noch etwas näher, bis er direkt neben Sascha steht. Die beiden Männer schauen sich in die Augen. Jens hat keine Angst. Sascha auch nicht. Beide haben nichts zu verlieren. Sascha dreht sich um und geht weiter. Schnell.

Es ist nicht der richtige Ort. Es ist zu einfach.

Sie steigen auf eine Anhöhe und haben dort einen ersten Blick auf Hof **74**.

»Jean Paul ist als Kind diesen Weg einmal die Woche gelaufen«, sagt Sascha, die Hand immer noch am Pfefferspray. »Wahrscheinlich hat er von hier aus die Stadt ebenfalls das erste Mal gesehen.«

»Ja, aber vermutlich sah sie anders aus. Zeiten ändern sich.«

Der Blick auf die Stadt ist schön, obwohl sie zu oft abgebrannt ist, um eine mittelalterliche Sehenswürdigkeit zu sein.

»Ja, Zeiten vielleicht. Wann hast du das erste Mal gemerkt, dass sich Menschen nicht ändern?«

Jens schaut einfach auf die Stadt im Tal und antwortet nicht. Saschas Hand sucht das Messer in der Tasche.

»Oder glaubst du immer noch daran, dass sich Menschen ändern?«

Jens kaut einen Moment auf seinen Lippen. Dann macht er eine Weile gar nichts mehr, bevor er weiter geht.

Die nächste Tafel des Jean-Paul-Wegs ist nur einige hundert Meter entfernt. Die zwei Wanderer bleiben davor stehen und lesen:

Grab von Heinrich Richter (1770 – 1789),
Bruder Jean Pauls

Heinrich Richter ertrank 1789 in der Saale. Es konnte nicht erklärt werden, ob es sich um Mord oder Selbstmord handelte. Die Meinung setzte sich durch, er habe aus Verzweiflung über die nicht endende Not der Familie seinem Leben ein Ende gesetzt. Als Selbstmörder wurde er in der Nähe des Fundortes begraben. Heinrich Wirth schreibt in seiner Chronik von Hof:

»Ein Sohn des Pfarrers Richter von Schwarzenbach a. d. Saale (Bruder Jean Pauls) als Lehrling in einer Handlung dahier, ertrank bei der untern Brücke. Im Publikum herrschte die Meinung, daß Richter von einem hießigen Rothgerber wegen einer geringfügigen Beleidigung vom Graben aus bis zur Brücke verfolgt, hier vom letzteren ereilt und über diese hinabgestürzt worden sei. Den Hut des Unglücklichen fand man am nächsten Morgen auf

dem dünnen Eise und später den Leichnam bei Unter-
kotzau.«

»Das ist ja gruslig«, sagt Jens.

Beide trinken eine Schluck Wasser aus einer Plastik-
flasche und schauen auf den Fluss.

»Was meinst du?«, fragt Jens. »Mord oder Selbstmord?«

»Nachdem sich die Meinung Selbstmord so schnell
durchgesetzt hat, tippe ich auf Mord.«

Jens nickt.

»Im Endeffekt spielt es keine Rolle mehr.«

Sie gehen weiter durch die Vororte von Hof zur Innenstadt.

Auf einem schönen Platz besichtigen sie ein Haus,
das an der Stelle eines Gebäudes steht, in dem Jean Paul
eine Zeit lang gewohnt hat. Eine Gedenktafel erinnert
daran **75**.

Dann machen sie noch einen Abstecher zum Fernweh-
Park **76**, einem völkerverbindenden Projekt, bei dem
Menschen Ortsschilder aus aller Welt an einen Baumstamm schrauben können. Sie finden kuriose Ortsna-
men wie »Katzenhirn«, »Pissen« oder »Regenmantel«.
Sascha gefällt »Killer«. Ein Dorf auf der schwäbischen
Alb. Promis dürfen eine Tafel mit einem Porträtfoto,
einem Autogramm, einer Botschaft oder ein klein bisschen Selbstdarstellung anbringen.

Jens bleibt vor dem Bildnis des Dalai Lama stehen.

*Da hängen genug andere Starschilder. Die ganzen Schla-
ger-Zombies. Howard Carpendale. Costa Cordalis.*

Heino. Das volle Programm des Mitschunkelns. Film-
stars. Kevin Costner. Christopher Lee. Es gibt Weltum-
segler und Extrem-Bergsteiger. Und natürlich die übli-
chen Politiker, die vor allem auf Posten aus sind – aber
Jens bleibt ausgerechnet vor dem Dalai Lama stehen.
Andächtig. Der Dalai Lama winkt im Mönchsgewand
vom Schild, darunter der Slogan: ›Give Peace a Chance‹.
Jens schaut aus, als würde er jeden Moment zurückwin-
ken. Ich könnte kotzen.

»Findest du den Dalai Lama gut?«

»Ich habe Ehrfurcht vor ihm.«

»Ehrfurcht gleich.«

»Er tritt sein Jahrzehnten für friedliche Veränderung
ein.«

»Und hat's was gebracht? Seine Leute verbrennen sich
selbst. Ich hab schon Schmerzen, wenn ich mir bloß die
Fotos mit brennenden Mönchen anschaue.«

»Sie haben ihren Glauben nicht aufgegeben. Unsere
Politiker machen doch nur Rauch ohne Feuer.«

»Gibt es auch einen Glauben, den du nicht aufgegeben hast?«

»Weltfrieden.«

»Weltfrieden? Ein bisschen unmöglicher geht's wohl
nicht?«

»Man muss sich das Unmögliche vornehmen, um das
Mögliche zu erreichen.«

Ein Hermann-Hesse-Zitat von einem Mörder. Weltfrie-
den. Ich bin kurz davor auszurasten. Ruhig bleiben. Am
liebsten würde ich Jens an einen der freien Holzpfosten

des Fernweh-Parks nageln. An Händen und Füßen. Mit langen Nägeln, die tief im Holz stecken. Nägel mit großen Köpfen, die das Schwein noch lange halten, wenn das Gewebe ausleiert.

»Willst du noch hoch zum Theresienstein **77**?«, fragt Jens. »Wurde mal zum schönsten Park Deutschlands gewählt.«

Sascha schüttelt den Kopf. »Meine Füße halten keine Schönheit mehr aus. Die Wanderschuhe sind zu neu.«

»Kaffee?«

»Gern.«

Auf der anderen Straßenseite spiegeln sich die Wolken in der Glasfassade des Fernweh-Diners **78**. Der eigentliche Blickfang ist aber die Karosserie eines längs in der Mitte auseinandergesägten Cadillacs. Gelb.

»Schönes Gelb«, sagt Sascha, während sie an der viel befahrenen Straße auf eine Verkehrslücke warten.

»Ja. Schade um das Auto«, antwortet Jens.

Sascha nickt. »Ja. Schade, dass es so enden muss.«

Die Straße überqueren Sascha und Jens im Laufschritt. Im Diner setzen sie sich auf eine der rot gepolsterten Sitzbänke und studieren die Karte, während *Riders On The Storm* von den Doors läuft. Im ganzen Lokal riecht es verlockend nach Fett. Sie beschränken sich nicht auf einen Kaffee, sondern bestellen Burger und Pommes bei einer blonden Bedienung im Petticoat-Kleid mit Sternenbanner-Aufdruck.

»Es gibt auch Tibeter, die sich nicht selbst verbrennen, sondern protestieren«, sagt Sascha. »Sie werden von den Sicherheitskräften niedergeknüppelt. Oder erschossen, wenn es schlimm kommt. Real existierender Sozialismus.«

Jens nickt, aber sagt nichts dazu.

Sascha hakt nach: »Wie in der DDR, oder? Da gab's auch real existierenden Sozialismus.«

Jens schüttelt den Kopf. »Die Wirtschaft war nie so gut wie in China. Die DDR hat gegen die D-Mark verloren. Konnte ja keiner ahnen, dass die D-Mark ein paar Jahre später abgeschafft wird.«

Sascha schaut Jens lange an.

»Hättest du auf Demonstranten geschossen, wenn dir der Befehl gegeben worden wäre?«

Jetzt zucken die Augenlider. Die ganze Fresse. Natürlich tut der ganze Scheißkerl so, als gäbe es kein Zucken – aber man merkt doch, dass die ganze beschissene Seele den ganzen Tag zuckt.

Jens mustert kurz eines der 60er-Jahre-Kinoplakate an den Wänden. »Ich war ja nie in einer Position, dass ich auf Demonstranten hätte schießen müssen.«

»Sicher?«

Sascha schaut ihm in die Augen.

Jens hält dem Blick stand.

Die Musik ist mittlerweile bei den Beatles angekommen.

Die Bedienung mit Sternenbanner um die Hüften bringt zwei riesige Burger mit Pommes. Mit einem Breitwandlächeln stellt sie die beiden Teller vor ihren Gästen ab.

Jens und Sascha haben Schwierigkeiten beim Essen.

Sie bekleckern sich beide mit Soße, die aus den Burgern tropft.

»Das Problem an diesen überdimensionierten Burgern ist, dass man sie nicht essen kann, ohne dass sie zerfallen«, sagt Jens.

»Es gibt schon eine Methode, wie du das anstellen kannst. Du musst die Finger an den strategisch richtigen Punkten des Burgers positionieren. Du darfst ihn bloß nicht absetzen. Deshalb isst man die Pommes am besten davor oder danach.«

Jens wischt sich mit der Serviette über die Finger. »Ich hätte mir auf keinen Fall einen Burger mit Chilli drauf bestellen sollen. Das ist eine Riesensauerei. Egal, wie strategisch du deine Finger positionierst.«

Am nächsten Morgen ist Brigitte immer noch nicht fit für eine Wanderung. Ihre Gesichtsfarbe ähnelt dem Flusssand der nahen Saale.

»Viel Spaß beim Wandern«, sagt sie.

Die Männer nicken ihr zu. Auf dem Weg sprechen Jens und Sascha kaum ein Wort. Sie kommen an Windrädern vorbei, die so hoch wie Kathedralen in den Himmel wachsen. Das Geräusch der Rotoren schwingt durch ihr Schweigen. In Mödlareuth **79** angekommen, hören sie eine alte Frau zu ihren Enkeln an einer Schautafel sagen: »Solche Fotos haben wir im Osten nicht gesehen. Davon wussten wir nichts.«

Die Enkel sind schon erwachsen und nicken verständnisvoll.

Mödlareuth war im Kalten Krieg geteilt wie Berlin. Bloß kleiner. Nachdem sie die Innenräume des Museums besucht haben, schauen sich Jens und Sascha NVA-Fahrzeuge in einer umgebauten Scheune an. Ein Trabbi als Geländefahrzeug wirkt heute abenteuerlich. Aus der Zeit gefallen. Wie ein Telefon mit Wählscheibe.

Danach gehen Jens und Sascha zu den Außenanlagen. Teile der Grenzsperrmauer und des Metallgitterzauns wurden der Nachwelt erhalten.

»Jetzt staunt die Nachwelt drüber«, sagt Jens.

Sascha hat Schwierigkeiten mit dem Atmen. Er bleibt stehen, lehnt sich gegen die Mauer und sucht in seiner Jackentasche nach dem Messer. Als er es gefunden hat, kann er wieder durchschnaufen. Jens stellt sich neben ihn. Er lehnt sich nicht gegen die Mauer.

»Heute kann man sich das alles nicht mehr vorstellen«, sagt Jens. »Vor allem keinen Grund dafür.«

»Du wusstest aber schon davon?«

»Ja, aber ich kann mir keinen Grund mehr vorstellen.«

»Magst du was Süßes?«

Jens nickt. Sascha holt zwei Schokoriegel aus seinem Rucksack. Die beiden Männer kauen auf Erdnüssen und Karamel. Dabei starren sie auf das kleine Stück Landschaft, das nicht mehr in eine globalisierte Welt passen will.

»Da drüben ist ein Wachturm«, sagt Sascha, »lass uns da mal hingehen.«

Die Männer gehen zu dem Grenzwachturm, dessen Einstiegschacht um die Hälfte verkürzt worden ist, um den Besuchern den Aufstieg zu erleichtern. Sascha klettert die steile Metallleiter nach oben, Jens folgt ihm. Im Wachraum angekommen, geht Sascha an eines der Fenster und starrt nach draußen.

Aus dieser Perspektive hat er also meinen Vater gesehen. Von oben herab. Wie von einem Jägersitz. Als wäre mein Vater ein Stück Wild, das man erlegen muss.

Saschas Faust umschließt das Messer in der Jackentasche. Er dreht sich um. Jens schließt die Luke des Zugangs und stellt sich auf sie. Er öffnet seinen Rucksack und holt eine Pistole hervor. Er streckt sie Sascha entgegen – den Lauf in seine eigene Richtung. Direkt auf den Bauch. Direkt auf die Gedärme.

»Vielleicht willst du die benutzen?«, fragt Jens.

Ja. Ja. Ja. Ja. Ja. Ja. Ja. Ja. Ja. Ja.

Sascha nimmt die Pistole. Sie fühlt sich vertraut an, obwohl er noch nie eine Schusswaffe in der Hand hatte. Jedenfalls keine echte.

»Ist die aus DDR-Beständen?«

»Tschechien. Da kriegst du alles. Du musst sie nur entsichern. Geht ganz einfach. Hast du bestimmt schon mal in einem Film gesehen.«

Sascha entsichert die Waffe und richtet sie mit beiden Händen auf Jens. »Woher weißt du, wer ich bin?«

»Ich hab dein Zelt durchsucht, als ich während unseres Grillabends Bier holen war. Tut mir leid. Den Rest hat das Smartphone erledigt. Google und so.«

Sascha nickt. Seine Hände zittern, aber es ist eine Distanz, aus der man dennoch trifft.

»Sag bitte nicht, dass du nur deine Pflicht erfüllt hast.«

Jens schüttelt den Kopf.

Sascha wartet.

»Man kann sich immer entscheiden«, sagt er.

Jens geht an eines der Fenster.

Sascha stellt sich mit der Pistole im Anschlag auf die Luke.

»Wir waren an der Grenze immer zu zweit unterwegs. Damit keiner auf die Idee kommt zu flüchten. Du flüchtest nicht. Du machst deinen Job. Du verteidigst den real existierenden Sozialismus. Die Republik. Das Vaterland. Mittlerweile habe ich begriffen, dass es immer etwas gibt, das man verteidigen muss. Vielleicht ist Verteidigen manchmal nicht die beste Idee. Und irgendwann kommt die Nacht, in der du einen Schatten wahrnimmst. Schießbefehl. Du stellst dir keinen Menschen vor.«

»Es ist aber ein Mensch.«

»Es ist ein Republikflüchtling. Willst du nicht endlich abdrücken?«

Sascha visiert Jens über die Pistole an. »Red weiter.«

»Es gibt Grenzsoldaten, die ihren Kameraden erschossen haben und selbst geflüchtet sind. Das kam für mich nicht infrage.«

»Du hast meinen Vater umgebracht.«

»Stimmt. Drück ab.«

Sascha zittert am ganzen Körper.

Jens dreht sich um. »Wenn du es nicht schaffst, kann ich es für dich erledigen«, sagt er ruhig und streckt seine beiden Hände aus. Die Handflächen nach oben. Sascha schüttelt den Kopf. Er steckt die Waffe in eine Tasche seiner Outdoor-Jacke, öffnet die Luke und klettert nach unten.

Sascha macht sich auf den Rückweg.

Jens folgt ihm in einiger Entfernung.

Hinauf auf die Hügel.

Die Rotoren der Windräder drehen sich und drehen sich und drehen sich.

Am Campingplatz baut Sascha sein Zelt ab, verstaut es im Auto und fährt davon, ohne ein Wort zu sagen.

Jens schaut dem Auto hinterher, dann geht er zurück zum Wohnwagen. Brigitte hängt Wäsche auf.

»Bist du wieder fit?«, fragt Jens.

»Geht schon«, antwortet Brigitte.

Jens setzt sich in einen Gartenstuhl und starrt auf seine Hände. Er sollte aufhören, Nägel zu kauen. Nach einer Weile kommt Brigitte und streicht ihm durchs Haar.

»War der Ausflug schön?«

»*Schön* ist nicht das richtige Wort. Er war informativ.«

»Geht's dir gut?«

»Hm.«

Jens nickt. Brigitte streichelt weiter. »Kommt Sascha heute Abend vorbei?«

»Nein. Er ist abgereist.«

»So plötzlich?«

»Irgendwas mit seiner Familie.«

»Ich habe Suppe gemacht. Ist das okay für dich? Ich vertraue meinem Magen noch nicht so.«

»Suppe ist voll in Ordnung für mich.«

68 Auensee: Schöner, familienfreundlicher Badesee bei Joditz. Anfang der 70er-Jahre aus einer ehemaligen Kiesgrube entstanden. Am See liegt auch ein Campingplatz, von dem man direkten Zugang zu den Liegewiesen hat.

69 Jean-Paul-Museum: Der Dichter Jean Paul verbrachte den Großteil seiner Kindheit als Pfarrersohn in Joditz. Wo früher das Gartenhäuschen des Joditzer Pfarrgartens stand (von Jean-Paul als »Lusthäuschen« bezeichnet) wurde 1893 ein typisch oberfränkisches Weberhäuschen errichtet. Heute beheimatet es das Jean-Paul-Museum, das von Karin und Eberhard Schmidt aufgebaut wurde. Besichtigungen nur nach Vereinbarung.

70 Jean-Paul-Weg: Der Jean-Paul-Weg ist ein markierter und ausgeschilderter, insgesamt 200 Kilometer langer Wanderweg. Startpunkt ist Joditz. Der Wanderweg führt durch die Landschaften und Orte, die Jean Pauls Leben prägten. Entlang des Weges begleiten den Wanderer Tafeln mit kurzen Auszügen aus den Werken und den Gedanken des Dichters. Der Wanderweg, der durch Frankenwald, Fichtelgebirge und Fränkische Schweiz führt, ist auch landschaftlich hochinteressant. Jean Paul erfand übrigens das schöne Wort »Gänsefüßchen«.

71 Jean-Paul-Felsen: Aussichtspunkt in Joditz mit Blick auf das Saaletal.

72 Fattigsmühle: Ehemalige Mühle mit gut erhaltenem Fachwerkhaus. Schöner Biergarten zwischen Felsen und Saale gelegen. Es gibt Hausmacherbrotzeiten und fränkisches Bier.

73 Saalebrücke bei Saalenstein: Über die beeindruckende Bogenbrücke führt die A 72. Für die in der Nazizeit errichtete Brücke wurden Steinquader verwendet, die von den KZ-Häftlingen in Flossenbürg und Mauthausen gebrochen wurden. Während der deutschen Teilung war dieses Stück der Autobahn nicht in Betrieb. In den 70er-Jahren entstand auf diesem stillgelegten Stück Autobahn wegen der Ähnlichkeit mit den Autobahnen im Osten der berühmte TATORT »Transit ins Jenseits« mit Marius Müller-Westernhagen. In der Nähe der Brücke befindet sich die Burgruine Saalenstein, in der eine skurrile Ausflugsgaststätte beheimatet ist.

74 Hof: Die oberfränkische Stadt bietet außer Freizeitspaß am »Untreusee« ein Drei-Sparten-Theater und ein Symphonie-Orchester. Die Alternativkultur ist unter anderem im Galeriehaus, im Kunstkaufhaus und im Kulturzentrum Alte Filzfabrik zu Hause. Über die Grenzen der Region hinaus ist die Stadt aber vor allem wegen der »Internationalen Hofer Filmtage« bekannt, die Ende Oktober Filmfans von Nah und Fern anziehen. Einzigartig ist der »Hofer Wärschlamo«: Seine Zunft verkauft als mobiler Imbiss aus einem Messing-Wärschtlakasten, der mit Holzkohle beheizt ist, schmackhafte Wurstwaren. Ein Korb mit Bredla (Brötchen) und Senf(t) gehört ebenfalls zur Grundausstattung. »Senft« ist übrigens das einzige Wort in Franken, das mit hartem »T« gesprochen wird. Freizeit-Tipps zu Hof finden Sie nach »Snuff-Mobbing« von Manfred Köhler.

75 Schlossplatz 12b, Hof: Schöner Platz in einem ruhigen Winkel der Fußgängerzone. Hier stand einmal das Haus, in dem Jean Paul lebte. Ein Schloss gibt es auch nicht mehr.

76 Fernweh-Park: Sammlung von Ortstafeln aus aller Welt sowie Autogramm-Tafeln von Stars. Versteht sich als völkerverbindendes Projekt. Im Jahr 2017 ist der Park nach Oberkotzau umgezogen. An seiner alten Stelle in Hof befindet sich die Saale-Rad-Station, die Radtouristen zur Rast einlädt (E-Biker können hier auch Akkus aufladen). Folgt man von der Saale-Rad-Station dem Jean-Paul-Weg flussaufwärts, erreicht man nach gut acht Kilometern auf teilweise gut ausgebauten Radwegen den neuen, größeren Standplatz des Fernwehparks »Signs Of Fame«. Der Park ist nun deutlich vergrößert und befindet sich auf einem renaturierten ehemaligen Fabrikgelände (mit Wohnmobilstellplatz).

77 Theresienstein: Der Park wurde im Jahr 2003 als »Schönster Park Deutschlands« ausgezeichnet. Tat-

sächlich sollte man sich Zeit nehmen, um die vielen
sehenswerten Ecken zu erkunden. Im Bereich des
Parks befinden sich auch ein Kleintierzoo und ein
Botanischer Garten. Auf seinem höchsten Punkt
wurde im 19. Jahrhundert das »Labyrinth« (eine
künstliche Ruine) errichtet. Außerdem laden eine
Reihe von Pavillons (z. B. Weisheitstempel, Son-
nentempel) zum Verweilen ein. Einen besonderen
Augenschmaus bietet das 1902 errichtete, weithin sichtbare Jugendstil-Gebäude, in dem auch die
Galerie des Kunstvereins beheimatet ist.

78 Fernweh-Diner: Die original Diner-Ausstattung
kann momentan leider nur von außen bewundert
werden. Derzeit einer der prominentesten Leer-
stände in Hof.

79 Mödlareuth: Während der innerdeutschen Teilung
bekam das Dorf Mödlareuth den Beinamen »Klein-
Berlin«. Reste der Mauer und der anderen Grenzanlagen sind im Freilichtmuseum zu besichtigen.
Außerdem erinnert der Ort an das Schicksal der
Dorfbevölkerung während des Kalten Kriegs – und
an Personen, die versuchten, über die unmenschli-
chen Grenzanlagen zu flüchten.

NIE MEHR DIESES NIVEAU

PETRA STEPS

Volker öffnete den Briefkasten des Original Vogtland-echos **80** am Bürogebäude in der Plauener Hammerstraße. Verwundert stellte er fest, dass seine Hand nicht weit ins Innere der Postablage fassen konnte. Mit diesem unerwartet großen Stapel an Briefen hatte er nicht gerechnet.

»So viel Fan-Post, das gab es noch nie«, freute er sich. Dabei hatten sich die beiden Musiker über den Winter rar gemacht und waren nur selten aufgetreten. Ihre Hochzeit war die Freiluftsaison, wo sie zu Jubiläen, bei Präsentationen und auf Stadtfesten in großen Bierzelten oder im Freien für Stimmung sorgten. Sollte die Veranstaltung in der Kuhbergbaude in Netzschkau **81** diese Flut an Briefen ausgelöst haben? Oder standen auf den Briefbogen eher die Beschwerden der Besuchswilligen, die wegen Überfüllung keine Chance auf einen Platz hatten? Er nahm die ersten drei Umschläge vom Stapel und sah auf die Stempel der Absender. Privatpost war das jedenfalls nicht, schoss es ihm durch den Kopf, als er die Adressen las. Ein ungutes Gefühl beschlich ihn.

Es fiel ihm schwer zu warten, bis er am Schreibtisch des Musikerbüros angekommen war und die Briefe ordentlich mit dem Brieföffner aufschlitzen konnte. Er riss den obersten Umschlag ungeduldig auf, während ihm ein ganzer Packen herunterfiel und sich auf den

Treppenstufen verteilte. Als die ersten Worte in sein Bewusstsein drangen, setzte er sich neben die restlichen Briefe auf die Treppe. Der Auftritt beim Fischerfest im Gläsernen Bauernhof Siebenbrunn **82** war abgesagt! Ausgerechnet dort, wo sie an den Fischteichen auch als Original Fischergeister auftreten wollten, durften sie in diesem Jahr nicht spielen. Volker verstand die Welt nicht mehr. Er griff nach dem nächsten Umschlag, zerfetzte die schnurgerade Klappe, statt sie vorsichtig zu lösen, und las: »Leider müssen wir Ihnen mitteilen, dass …« Das Markneukirchener Bergfest auf dem Oberen Berg **83**. Zum dortigen Verein und dem Berggasthof Heiterer Blick hatten sie fast schon familiäre Kontakte gepflegt, seit sie zum ersten Mal die Wettbewerbe und Meisterschaften des Ersten Traditionsvereins Markneukirchen/Berg erlebt hatten. Pferde-Holzrückewettbewerb, Motorsägenmeisterschaft, Forwardermeisterschaft – dem rührigen Verein waren immer neue Dinge eingefallen, bei denen sich Männer in Szene setzen konnten. Die Vogtländische Holzknechtmeisterschaft zum Beispiel, so richtige Männerspiele mit einem Hauch Nostalgie. Hier wurde mit Stammweitwurf, Sägen, Spalten, Stapeln und anderen Aufgaben demonstriert, wie Holzfäller anno dazumal gearbeitet hatten. Das traf den Nerv des Publikums und die Musiker waren mit ihrem zotigen Song vom ›Madel aus Markneikerng‹ mitten drin im Geschehen. Jetzt durften sie nicht einmal beim Wettbewerb »De Woice of Neikirng« starten. Dabei war Markneukirchen für sie als einer der Hauptorte des Musikwinkels **84** interessant. Und irgendwie gehörte ihre volksnahe Musik unbedingt dazu. Dass sie im örtlichen Musikinstrumentenmuseum **85** keine Chance hatten, war ihnen von vornherein klar, deshalb hatten sie sich dort nie beworben. Im Paulus-Schlössel war eher die ernste Muse zu Hause, genauso wie beim Internationalen Instrumentalwettbewerb, der jährlich renommierte Musiker und Musikpädagogen mit Nachwuchstalenten vereinte.

Das Gerber-Hans-Haus **86** mochte sein Duo-Partner Frank vor allem wegen der Riesengeige, noch mehr aber wegen der Riesentuba, die dort neben den Schauwerkstätten und einem historischen Sägewerk besichtigt werden konnte. Diese Riesentuba hätte er gern einmal gespielt. Aber ausgerechnet Markneukirchen hatte das Vogtlandecho aus dem Repertoire gestrichen.

Volker erhob sich, sammelte die Post zusammen und stieg die Treppe zum Büro nach oben. Er warf die Briefe auf seinen Schreibtisch, setzte sich auf den Stuhl und atmete tief durch. Dann nahm er den Brieföffner, führte die Klinge durch ein Dutzend Kuverts und zog die Schreiben nacheinander heraus. »Leider müssen wir Ihnen mitteilen …«, »Es tut uns leid, Ihnen absagen zu müssen …«, »Unsere Sponsoren haben uns im Stich gelassen, sodass unser Budget leider …«, »Wir haben beschlossen, das Rahmenprogramm zu kürzen. Das betrifft bedauerlicherweise auch …« Einige ihrer bisher immer zuverlässigen Partner hatten sogar die Begründung weggelassen, was Volker am meisten ärgerte. Bisher waren sie gut gewesen, hatten sich auf manchen Deal eingelassen und schon mal auf einen Teil ihrer Gage verzichtet, wenn es dem Veranstalter half. Spontan fiel ihm das Sprichwort »Tu niemandem etwas Gutes …« ein.

Voller Wut warf Volker die Schreiben zuerst nach oben und ließ sie dann auf den Boden fallen, bevor er sich ins Büro des neuen Band-Managers begab. Ein Blick zurück zeigte ihm, dass er ganze Arbeit geleistet hatte. Vom Parkett im Büro war kaum noch etwas zu sehen.

»Hallo, Kersten«, begrüßte er den Agenten und bemühte sich, seinen Gemütszustand zu vertuschen. Er wollte den neuen Partner nicht gleich verprellen, denn mit Kersten Schatz hatte das Duo einen wahren Schatz engagiert. Der Mittdreißiger sah nicht nur gut aus mit seinem vollen gelockten Haar und den stahlblau glänzenden Augen. Er hatte sich von der ersten Stunde an voll in die Arbeit gestürzt, Kontakte geknüpft, die Post beantwortet, Auftrittsorte gesucht und den beiden Musikern alles vom Hals gehalten, was sie bei ihrem anstrengenden Berufsalltag nicht unbedingt haben mussten. Sowohl Volker als auch sein Kollege Frank gingen die Woche über einer beruflichen Tätigkeit nach. Das Musikerleben war für sie zwar mehr als ein reines Hobby, aber auch nicht als Broterwerb gedacht. Die Zeit, in der sie von der Musik leben mussten, hatten sie hinter sich.

Nach einer kurzen Unterhaltung bat Volker den Band-Engel in sein Büro. Erschrocken blieb der in der Türe stehen und schaute auf die am Boden liegenden Blätter und Umschläge. Dass hier nicht einsame Herzen um Zuwendung gebeten hatten, konnte er an den Briefköpfen leicht erkennen. »Was ist denn das …?«, setzte er an und musste sich fast unter einer Schimpftirade ducken. »Ich weiß genau, wem wir das zu verdanken haben. Das geht schon lange. Jetzt hat er es offenbar geschafft. Er will uns ruinieren, uns und den Leuten ihren Spaß nehmen«, schrie Volker und japste hörbar. Er musste sich setzen, erst einmal tief Luft holen, wieder gleichmäßig atmen, wenn er den drohenden Herzinfarkt vermeiden wollte. »Ruf bitte sofort Frank an, er soll herkommen, egal, was er gerade macht«, ordnete Volker an. Hinter all den Schreiben konnte nur einer stecken. »Dieser Kunst-Fuzzi, der denkt, Musik komme nur von Johann Sebastian Bach oder Wolfgang Amadeus Mozart«, bellte Volker in den Raum. Zu oft hatte er sich schon an dem Musikpapst aufgerieben, der zu allem Überfluss auch noch über die Vergabe von Fördermitteln zu bestimmen hatte. Er residierte hoch oben auf einem Schloss in der Landeshauptstadt und wollte den Leuten vorschreiben, welche Art von Musik sie zu hören hatten. Für Volker und Frank hatte alles eine Berechtigung, das eine im Konzertsaal oder in der Kirche, wo die Gäste andächtig lauschten, das andere auf dem Tanzboden oder im Bierzelt, wo gefeiert wurde. Den Eklat hatte ein Lied heraufbeschworen, das schon bei Volkers Eltern zum Dorftanz dazugehörte. Die Melodie kannte jeder. Sie stammt von Eugen Philippi, nur lautete der Text zu Beginn des 20. Jahrhunderts »In Rixdorf ist Musike«. Die Gruppe Herz-As wurde in den 70er-Jahren nicht ohne die »De F... von Zobes« von der Bühne gelassen. Vor 22 Uhr wurde meist »Das Ding von Zobes« besungen und erst zu später Stunde der zotige Begriff für ein wunderschönes weibliches Organ benutzt, den Schüler so oft an die Wand schrieben oder sich damit beschimpften. Und so ein ungewöhnliches Wort war das im Vogtland nun gerade nicht, wurde doch auch ein Klatschmaul als Latschf... betitelt.

Volker erinnerte sich an den Hype von 2005. Damals hatten sie auf ihrer CD den Titel neu herausgebracht, den zumindest die älteren Vogtländer alle kannten. Ein Aufschrei ging durch die sächsisch-vogtländische Nation. Journalisten standen Schlange. Die Ortseingangsschilder von Zobes waren beliebtes Diebesgut und mussten immer wieder ersetzt werden. Sogar bis ins Radio oder ins Fernsehen hatten es die beiden mit ihrer Interpretation geschafft. Das heißt, nicht mit dem Lied, sondern mit allen möglichen Erklärungen dazu. Und während das Duo mit seinen schlüpfrigen Liedern eine Zugabe nach der anderen spielen musste, distanzierten sich Amts- und Würdenträger von dieser Hardcore-Volksmusik und verteufelten ihre Multiplikatoren. Als Volker von einem Radio-Moderator gefragt wurde, was denn das Besondere an der CD mit diesem Lied aus Großvaters Zeiten sei, fiel ihm nur ein, dass vor ihnen eben noch kein Depp das Lied mit diesem volkstümlichen Text auf CD gebannt hatte.

Volker raffte die Briefe zusammen und legte den Haufen auf den Schreibtisch. In der Tür tauchte plötzlich sein Duo-Partner Frank auf. Er hatte ihn gar nicht kommen hören. Die beiden kannten sich schon lange und waren aufeinander eingespielt. Deshalb hielt sich Frank nach der Begrüßung zurück und wartete, bis Volker zu einer Erklärung ansetzte. Gemeinsam mit Kersten Schatz sortierten sie die Absagen und suchten nach einem Muster. Allein: Sie fanden keins. Es waren weder die gleichen Veranstalter noch eine ähnliche Art von Auftritten. Die Briefe glichen sich zwar vom Inhalt her, aber eine durchgängige Handschrift war nicht zu erkennen. Ein

Sprach-Profiler hätte jedes Schreiben einem anderen Verfasser zugeordnet, das war selbst ihnen als Laien klar. Die beiden Musiker kannten ihre Partner vor Ort schon lange und wussten, wer zu wem gehörte. Auch hier ließ sich kein roter Faden finden. Nicht bei den Absprachen, die alle drei geführt hatten und auch nicht bei der Honorarhöhe. Ihnen fiel niemand ein, dem sie die Schuld in die Schuhe schieben konnten, außer …

Schließlich glaubte auch Frank an Volkers Verdacht von der Einwirkung durch den Musik-Mäzen. »Lass uns morgen früh nach Dresden fahren und dem Herrn einen Überraschungsbesuch abstatten«, schlug Volker vor. Die Idee wurde hin und her diskutiert und schließlich angenommen. Um neun sollte Frank mit dem Auto vor dem Büro stehen und die anderen beiden Herren einladen.

Pünktlich um neun Uhr klingelte Volkers Handy. Er hatte gerade die Bürotür zugeschlossen und wollte sich zur Eingangstür begeben, um auf Frank zu warten. Am Telefon hörte er Franks aufgeregtes Gestammel von »… losgefahren … am Berg … nicht mehr bremsen …«

»Ich bin sofort bei dir«, erwiderte er und schwang sich in sein Auto, nachdem er den gerade eingetroffenen Manager ins Büro beordert hatte. Volker fuhr in Richtung Zentrum, wo Frank ein Mehrfamilienhaus in der Nähe des Vogtlandmuseums 87 bewohnte. Kurz bevor er den letzten Anstieg erreicht hatte, sah er das Dilemma bereits. Franks Auto stand eingeklemmt zwischen Bäumen und Büschen nicht weit von einem Abhang entfernt. Er selbst saß am Straßenrand, die Besatzung des Rettungswagens redete auf ihn ein. Frank wehrte ab. »Mir ist nichts passiert, aber mein Auto ist Schrott«, stellte er fest, als Volker auf ihn zukam. An den gemeinsamen Ausflug war nicht mehr zu denken. Beide vergaßen die Idee gänzlich, denn sie hatten jetzt erst einmal andere Sorgen. Der Abschleppdienst hatte die Motorhaube nur kurz geöffnet und sofort die Polizei verständigt. Dass hier etwas faul war, sah auch jemand, der keinen Technikverstand mitbrachte. Die Bremsleitung war fein säuberlich durchtrennt. Ein Marder konnte das nicht so akkurat. Unter der Motorhaube lag außerdem noch mehr im Argen, was die Spurensicherung beschäftigen würde.

Je länger Volker und Frank diskutierten, umso mysteriöser wurde die Sache. Erst die Briefe, dann das Auto. Sie wollten noch nicht so weit gehen und einen Zusammenhang zwischen beiden Ereignissen herstellen, doch der Gedanke daran hatte sich zumindest bei Volker festgesetzt. Er war der Geschäftigere im Duo, deshalb kam der Vorschlag von ihm: Sie wollten eine eigene Veranstaltung auf die Beine stellen und nicht immer von anderen abhängig sein. Dort konnten sie zeigen, was sie drauf haben, formulierten sie als ihr Ziel. Lange debattierten sie über Datum und Veranstaltungsort. Das Parktheater in Plauen fiel genauso durch wie Schloss Voigtsberg **88** in Oelsnitz.

Die Männer vom Original Vogtlandecho wollten die Veranstalter treffen, von denen sie sich schmählich verraten fühlten, und zwar an ihrer empfindlichsten Stelle: Der Besucherzahl und dem Umsatz. Frank suchte nach dem Termin für das Fischerfest im Markneukirchner Ortsteil Siebenbrunn. Schräg gegenüber lag die Freilichtbühne im Poetenwald **89** , auf der sie schon immer einmal auftreten

wollten. Schnell mieteten sie das Areal für ein Samstags-
fest. Bevor die Siebenbrunner die Doppelbelegung links
und rechts des Ebersbaches bemerkten, hatten die Musiker alles vorbereitet, die Verträge waren unterschrieben,
die Flyer gedruckt, die Plakate aufgehängt.

Frank und Volker hatten eine große Zahl Helfer gefun-
den, die das Areal um die kleine Bühne auf Vordermann
gebracht hatten. Die Getränke waren angeliefert, der
Grill wurde angeheizt. Damit es nach vielen Besuchern
aussah, hatte das Vogtlandecho den Treffpunkt in die
Gartensiedlung nahe der B 283 verlegt. Hier war der
Vogtland-Panorama-Weg **90** ausgeschildert. Eine Tafel
erläuterte den Namen Poetenwald. Kein geringerer als
Julius Mosen, der Dichter des Andreas-Hofer-Liedes
»Zu Mantua in Banden«, hatte während seiner Zeit als
Rechtspraktikant hier lange Spaziergänge unternommen.
Das war zwischen 1828 und 1830 gewesen. Vom Schild
»Poetenwald« mit der Erklärung zu Julius Mosen aus
wollten die Musiker durch den Poetenwald marschie-
ren, die Gäste im Gefolge. Die laute Musik von Tuba
und Akkordeon und der Gesang der zotigen Lieder sollte
zu den Fischteichen auf der anderen Seite schallen und
aufmerksam machen. Da es an der Freilichtbühne mit
ihren Bänken und Tischen und der Unterkunftshütte mit
Fenstern zum Verkauf nichts mehr zu tun gab, machten
sich die Musiker auf den Weg, um ihre Gäste abzuholen. Sie staunten, als sie die Menge sahen und überlegten
kurz, ob auch wirklich genug Bier und Bratwurst her-
angeschafft worden war. Dann formierten sie den Zug,
setzten sich an die Spitze und schmetterten einen Titel
nach dem anderen. Die Stimmung war schon gut, als sie

in den Parallelweg zum Bauernhof einbogen und die in der Sonne glitzernden Fischteiche sehen konnten. Mit Musik und lautstarkem Gesang zogen sie vorbei und kamen an die Schneise, die wegen der Überlandleitung in den Poetenwald geschlagen worden war. Von hier aus waren es nur noch ein paar Meter bis zu ihrem Ziel: der Freilichtbühne.

Plötzlich geriet der etwa einen halben Kilometer lange Zug ins Stocken. Die Musik verstummte. Schreie ertönten. Frank und Volker hatte es auf dem gut ausgebauten Waldweg niedergestreckt. Neben ihnen waren einige der Gäste umgeknickt wie Streichhölzer. Da der Zug nicht so schnell anhalten konnte und die Hinteren das Dilemma nicht erkannten, wurden viele zu Boden gerissen und fielen übereinander.

»Was ist los?«, schrien die Nachrückenden, ohne eine Antwort zu bekommen. Panik drohte auszubrechen. Ein Teil der Menge drängte zurück, während die anderen die Lichtung schnell passieren wollten. Ein paar Leute hatten etwas großes Rundes gesehen, das in Richtung Mühlenweg und Ebersbach weitergerollt war. Aufgeregt teilten sie sich ihre Beobachtung mit, während einige der Gäste aus der Schockstarre erwachten und den Verletzten halfen.

Als einer der Ersten kam Volker wieder zu sich. »Ein Reifen, ein Lkw-Reifen! Wer macht den so etwas?«, stammelte er. Nach einem Blick auf seinen Musikerkollegen und das danebenliegende Mädchen übermannte ihn die Ohnmacht erneut.

Der Reifen war den Hang heruntergerollt und hatte die Gruppe voll erwischt. Das kleine Mädchen, das die ganze Zeit um die Musiker herumgerannt war, schien es am schlimmsten getroffen zu haben. Nach und nach schlängelte sich der Pulk an den Verletzten vorbei in Richtung Freilichtbühne, um Platz für die Rettungskräfte zu machen. Plötzlich traf auch Kersten Schatz bei seinen Musikern ein. Er hatte sich um die Restarbeiten an der Bühne kümmern sollen. Als er das Mädchen mit dem schmerzverzerrten Gesicht erblickte, um dessen Leben die Sanitäter rangen, sank er auf den Weg und schrie: »Das hab ich nicht gewollt. Das hab ich nicht gewollt …«

Volker, der gerade wieder zu Bewusstsein gekommen war, schaute seinen Manager entgeistert an. Schlagartig wurde ihm klar, dass die Ereignisse der letzten Wochen und das Unglück hier den gleichen Verursacher hatten: Kersten Schatz, der offenbar doch nicht das Schätzchen war, für das ihn das Musiker-Duo gehalten hatte.

Wie ein nicht enden wollender Wurm quoll dem Musik-Agenten seine Beichte aus dem Mund. Er erzählte von seinem angeblichen Vorfahren, dem Dichter Julius Mosen, und dessen Markneukirchner Liebe zu Christiane Schatz, aus der eine uneheliche Tochter hervorgegangen war. Mit allen Mittel habe er das Erbe erhalten wollen. »Ihr aber habt nicht gehorchen wollen, habt weiter euren ordinären Schwachsinn in die Welt posaunt«, warf er Volker an den Kopf. Und dann begann er, die Texte der Lieder des Vogtlandechos mit den Texten von Julius Mosen zu vergleichen.

»Jetzt, nun es Lenz geworden,
Blüht hell der Apfelbaum,
Von Eva träum' ich dorten
Tag täglich einen Traum. (*)

Das sind die Worte des Dichters. Und was singt ihr? ›Komm mal raus mit'm Arsch an de Frielingsluft‹ und ›Ich wollt, ich wär e Primel und stünde auf dr Wies, Da kommt der F... von Zobes und saacht mer auf de Fieß‹.
Oder:

Zum ersten Male blühen
Mit allererstem Kuss,
Zum ersten Male glühen
Das holde Röschen muss. (*)

Bei euch heißt es: ›Madel von Markneikerng, heit tun mern ganz neiwerng.‹ Oder neuerdings dieses Odellied, das aus Bad Brambach stammen soll. Ihr habt sie doch nicht alle. Julius Mosen hat so wundervolle Gedichte hinterlassen, die seine Sehnsucht nach der Heimat ausdrücken. Zum Beispiel dieses berühmte:

Wo auf hohen Tannenspitzen,
Die so dunkel und so grün,
Drosseln gern verstohlen sitzen,
weiß und rot die Moose blühn:
Zu der Heimat in der Ferne
Zög' ich heute noch so gerne. (*)

Warum könnt ihr nicht solche Texte für eure Lieder verwenden? Ich hatte gehofft, dass ich euch so weit bekomme. Das hier habe ich nicht gewollt. Es sollte nur ein Denkzettel für euch beide werden«, schrie er mit einem flackerndem Blick, der kurz an dem Mädchen hängen blieb. Die Sanitäter waren gerade mit besorgtem Gesicht dabei, es samt Trage in den Krankenwagen zu schieben. Der Notarzt legte Frank einen Tubus, bevor er ihn an den zweiten Rettungswagen übergab. Drei weitere Verletzte wurden am Wegesrand behandelt. Volker stand langsam auf und ließ sich nur kurz untersuchen. Er versprach, ins Krankenhaus zu kommen, wenn er den Rückzug aus dem Poetenwald organisiert hatte.

Die herbeigerufene Streife traute sich nicht, Kersten Schatz mitzunehmen. Er machte einen verwirrten Eindruck, schien vollkommen neben sich zu stehen und reagierte nicht mehr auf Ansprache. Ununterbrochen deklamierte er Gedichte, die wohl allesamt von Julius Mosen stammen mussten. Der Notarzt zog eine Ampulle auf, setzte eine Spritze und gab Anweisung, ihn in die geschlossene Abteilung des Fachkrankenhauses für Neurologie und Psychiatrie in Rodewisch zu fahren. Volker fragte die Polizisten, ob er Franks zerbeulte Tuba mitnehmen dürfe. Reparaturfähig sah sie nicht mehr aus. Vielleicht fand sie ja später einen Platz im Musikinstrumentenmuseum, neben der Riesentuba.

Frank hatte Glück gehabt, genauso wie das Mädchen. Beide waren fast gleichzeitig aus dem Koma erwacht. Volker hatte Frank regelmäßig im Krankenhaus besucht und ihn gemeinsam mit seiner Familie auf seinen Schritten ins zweite Leben begleitet. Gestern hatte er ihn zu Hause abgeholt und war mit ihm nach Marieney **91** gefahren. Dort war Julius Mosen geboren. In dem kleinen Dorf, das zur Gemeinde Mühlental gehörte, weist einiges auf den Dichter hin. Im Kirchhof nahe der Kirche steht sein Denkmal. Das Haus, an dessen Stelle sich einst das Geburtshaus befand, schmückt eine Tafel. Eine weitere steht gegenüber vom Gemeindezentrum, das eine Ausstellung zu Julius Mosen beherbergt. Im Julius-Mosen-Zimmer hat auch die Vogtländische Literaturgesellschaft

Julius Mosen ihren Sitz, an dem sie vogtländische Bücher archiviert. Nebenan erinnert man an den Kartografen und Landvermesser Adam Friedrich Zürner, der ebenfalls in Marieney geboren wurde. Ihm hatte der sächsische Kurfürst August der Starke die nach der Vermessung aufgestellten Postmeilensäulen zu verdanken.

Die beiden Musiker erfuhren vom Vereinsvorsitzenden viel zu Leben und Werk des weit über das Vogtland hinaus bekannten Dichters. Volker lieh sich ein Heft mit Gedichten aus. Er hatte sich dessen Vertonung in den Kopf gesetzt. Ob er es je mit Frank würde spielen können, stand jedoch in den Sternen. Noch mehr als die romantischen Gedichte reizte ihn die Sache mit dem Bierkrieg im Vogtland, die sich lange vor der Geburt Zürners und Mosens in 23 Orten und auch in der ritterlichen Schenke von Marieney zugetragen haben soll. Dazu fiel ihm spontan ein zotiger Text ein. Noch traute er sich jedoch nicht, seine Ideen mit Frank oder gar anderen Menschen zu teilen.

80 Original Vogtlandecho (heißt im Sommer an der Ostsee Original Fischergeister): Während die Handlung und die Beziehungen zu Personen, Vereinen oder Einrichtungen frei erfunden sind, existiert das Original Vogtlandecho tatsächlich. Wenn Volker und Frank öffentlich auftreten, tobt garantiert der Bär. Die aktuellen Termine erfahren Sie unter www.vogtlandecho.com oder auf Facebook.

81 Kuhberg bei Netzschka: Im Ortsteil Brockau liegt mit dem 511 Meter hohen Kuhberg die höchste Erhebung im nördlichen Vogtland. Auf dem Gipfel befindet sich der im Jahr 1900 aus Granitmauerwerk errichtete, 21 Meter hohe Bismarckturm. Die gastliche Einkehrmöglichkeit in der Kuhbergbaute und die Kuhbergbahn laden Jung und Alt zum Verweilen ein.

82 Gläserner Bauernhof Siebenbrunn: Bildungs- und Begegnungszentrum mit mehreren Lehrpfaden, Teichen, Bachlauf, Tieren, Angel- und Campingmöglichkeiten. Täglich ab 9 Uhr geöffnet, Eintritt frei. Über das Jahr verteilt finden mehrere Feste wie das traditionelle Fischerfest statt. Für Gruppen und Individualbesucher geeignet. Die Einkehrmöglichkeit Fischerhütte ist nicht an allen Tagen geöffnet.

83 Oberer Berg Markneukirchen: Der Obere Berg mit seinem Bergfestplatz ist der Feierort der Stadt

Markneukirchen schlechthin. Der Erste Traditions-verein Markneukirchen/Berg e. V. organisiert dort eine Vielzahl von Veranstaltungen; dazu gehö-ren Hexenfeuer und Bergfeste mit Wettbewerben wie »De Woice of Neikirng«, Pferdemarkt, Holz-rückewettbewerb oder Holzknecht-Meisterschaft. Außerdem hat man vom Berg aus einen wunder-baren Blick auf die vogtländische Landschaft und kann im familiengeführten Berggasthof »Heiterer Blick« einkehren und übernachten.

84 Vogtländischer Musikwinkel: Die Bezeichnung »Vogtländischer Musikwinkel« mit den Orten Markneukirchen, Klingenthal und Schöneck geht vor allem auf die hier beheimateten Musikinstru-mentenbauer zurück. Viele von ihnen kamen im 17. Jahrhundert aus Böhmen, wo sie wegen ihres Glaubens vertrieben wurden. Auch heute werden hier noch Musikinstrumente hergestellt. Man kann den Instrumentenbauern über die Schulter schauen, verschiedene Museen besuchen, auf dem Musikan-tenradweg radeln oder einfach Musik in einem der vielen Veranstaltungshäuser konsumieren.

85 Musikinstrumentenmuseum Markneukirchen: Im spätbarocken Paulus-Schlössel Markneukir-chen befinden sich 3.200 Musikinstrumente aus aller Welt, darunter viele im Vogtland produzierte Streich-, Blas- und Zupfinstrumente. Nicht überall ist Anfassen verboten. Zu den Kuriositäten gehören nur 56 Millimeter große Geigen oder ein 1,80 Meter großes Piano-Akkordeon mit 128 Diskanttasten und 423 Bassknöpfen. Neuestes Projekt auf dem Gelände ist ein Weltmusikgarten im Außengelände. Im Ort gibt es außerdem das Framus Museum und Hüttels Musikwerkausstellung.

86 Gerber-Hans-Haus: Im Gerber-Hans-Haus befindet sich die Kasse für das Musikinstrumentenmuseum und die Tourist-Information. Hier erhält man auch Infomaterial zu Sehenswürdigkeiten oder Veranstaltungen. Wenn sie nicht gerade auf Tour sind, dann können Sie hier die weltgrößte Geige und die größte spielbare Tuba bestaunen. Die Tradition des Instrumentenbaus bezeugen historische Werkstätten und ein erhaltenes Handelskontor. Mit etwas Glück können Sie eine Vorführung im historischen Sägewerk beobachten.

87 Vogtlandmuseum Plauen: Im Vogtlandmuseum sind neben einer Ausstellung zur vogtländischen Malerei Sammlungen zur Ur- und Frühgeschichte sowie Waffen und Militaria zu sehen. Außerdem gibt es Sonderausstellungen und die Außenstellen Jüdischer Friedhof Plauen sowie Hermann-Vogel-Haus Krebes. Das Haus wird seit Beginn der 1990er-Jahre umfassend saniert und rekonstruiert. Die Ausstellungen werden nach und nach neu gestaltet.

88 Schloss Voigtsberg Oelsnitz: Schloss Voigtsberg ist eine vielseitig genutzte Burg im Oberen Vogtland mit Museum in der Kernburg, Teppichmuseum, Illusorium mit Dauerausstellung zum Werk der Illustratorin Regine Heinecke, Mineraliengewölbe und wechselnden Sonderausstellungen. 2008 wurde es nach umfangreichen Bauarbeiten wieder eröffnet. In den Räumen befinden sich auch ein historischer Kostümverleih und das Kreisarchiv des Vogtlandkreises.

89 Poetenwald Markneukirchen: Das Naherholungsgebiet bei der Bundesstraße B 283 erhielt seinen Namen zur Erinnerung an den Vogtland-Dichter Julius Mosen. Hier soll einer seiner Lieblingsplätze gewesen sein. Mosen war zwischen 1828 und 1830 Rechtsreferendar in Markneukirchen. In diese Zeit fällt die Beziehung zu Christiane Wilhelmine Schatz, die im Januar 1831 eine uneheliche Tochter von ihm bekam.

90 Vogtland-Panorama-Weg (VPW): Zertifizierter Rundwanderweg über 225 Kilometer mit Start und Ziel an der Göltzschtalbrücke, der weltgrößten Ziegelsteinbrücke, mit zahlreichen Aussichtspunkten, Sehenswürdigkeiten und Einkehrmöglichkeiten. Erster »Qualitätsweg Wanderbares Deutschland« in den neuen Bundesländern, mit der Markierung VPW in roten Buchstaben auf weißem Grund. An der hier beschriebenen Stelle kann man zwischen einer Kulturvariante (Musikinstrumentenmuseum–St.-Nikolai-Kirche–Poetenwald–Musikinstrumentenmuseum) und einer Naturvariante (Oberer Berg–

Siebenbrunn–Fischteiche am Gläsernen Bauernhof) wählen. An der Braunmühle vereinigen sich beide Wege wieder.

91 Marieney: Der kleine Ort Marieney ist Geburtsort des deutschen Dichters Julius Mosen (1803 bis 1867), der das Andreas-Hofer-Lied geschrieben hat. An ihn erinnern mehrere Gedenktafeln sowie eine Ausstellung im Bürgerhaus. Dort hat auch die Vogtländische Literaturgesellschaft »Julius Mosen« und eine Sammlung vogtländischer Bücher ihren Sitz. Ein Raum ist dem ebenfalls in Marieney geborenen Kartografen Adam Friedrich Zürner gewidmet, dessen Vermessung eine entscheidende Rolle für die während der Regierungszeit August des Starken aufgestellten kursächsischen Postmeilensäulen bildete.

AUF DES MESSERS SCHNEIDE

MAREN SCHWARZ

Ein Blick auf die Uhr verriet mir, dass es an der Zeit war, mich auf den Weg zu machen. Noch ein letzter prüfender Blick in den Spiegel. Zufrieden mit dem tadellosen Sitz meines neuen Anzugs warf ich den Rucksack über die Schultern und griff nach dem Autoschlüssel. Es war kurz vor 16 Uhr. Knapp drei Stunden bis zum Countdown. Beschwingten Schrittes ging ich zu meinem Rover und verstaute den Rucksack im Kofferraum. Dann öffnete ich die Fahrertür und ließ mich in die Lederpolster sinken. Mit routiniertem Griff steckte ich den Schlüssel ins Zündschloss und wartete darauf, dass der Motor ansprang. Doch nichts geschah. Drei Versuche später gab ich meine vergeblichen Bemühungen auf. Nun war guter Rat teuer. Ich konnte spüren, wie mein Herzschlag sich beschleunigte und meine Hände feucht wurden. Verlier jetzt bloß nicht die Nerven, ermahnte ich mich. Hätte ich in diesem Moment klar denken können, hätte ich das Ganze möglicherweise als Wink des Schicksals angesehen und meine Pläne noch einmal überdacht. So jedoch galt mein ganzes Bestreben der Frage, wie ich rechtzeitig ans Ziel kommen konnte. Nach Prüfung der mir verbliebenen Optionen beschloss ich, aufs Fahrrad umzusteigen. Ich hatte den Gedanken noch gar nicht ganz zu Ende gedacht, als meine Füße sich auch schon in Bewegung setzten.

Auf dem Weg zur Garage überschlug ich die vor mir liegende Strecke von Rodewisch nach Netzschkau. Schlappe 22 Kilometer. Das sollte doch zu schaffen sein. Ein kurzer Reifencheck ließ mich erleichtert aufatmen. Bei meinem Glück wäre es kein Wunder gewesen, wenn ich einen Platten gehabt hätte. Doch entgegen meiner Bedenken war das Rad startklar. Nachdem ich den Rucksack aus dem Kofferraum geholt und mir über die Schultern gewuchtet hatte, fuhr ich los. Dass ich mein Äußeres außer Acht gelassen hatte, fiel mir erst auf, als mir in Höhe der Schlossinsel Rodewisch `92` ein älteres Ehepaar begegnete, das mich mit weit aufgerissenen Augen wie eine Erscheinung aus einer anderen Welt anstarrte. Wahrscheinlich hatten sie noch nie einen Fahrrad fahrenden Anzugträger gesehen. Peinlich berührt von ihren Blicken zerrte ich mir die Krawatte über den Kopf und stopfte sie im Vorbeifahren in die Jackentasche. Das musste unfreiwillig komisch gewirkt haben. Zumindest für die Besatzung des Ruderbootes, das auf dem Gondelteich, der die Schlossinsel umschließt, an mir vorbeizog: Vater und Mutter nebst zwei Kindern im Teenageralter. Ich sah, wie sie sich hinter vorgehaltener Hand über mich lustig machten. Und musste mir eingestehen, dass meine hektischen Bewegungen im krassen Gegensatz zu der entspannenden Umgebung standen. Die Leute, die hierherkamen, suchten Erholung. Sie wollten bei einem Spaziergang im Park die Seele baumeln lassen und danach noch eine Tasse Kaffee und ein Stück Kuchen auf der Schlossinsel mit ihrem Renaissanceschlösschen und dem »Festen Hus« genießen. Also sah ich zu, dass ich von hier wegkam. Die Blicke der mir in Rodewisch begegnenden

Passanten ignorierend, bog ich nach einem olympiaverdächtigen Sprint ins Gewerbegebiet Nordost ein. Nur noch ein paar hundert Meter und ich hatte den Bahndamm erreicht, vor dem der Göltzschtalradweg **93** in den Wald führte. Obwohl es der Name schon sagt, war mir bislang nie so recht bewusst gewesen, dass die Göltzsch mit ihren zwei Quellarmen, die längere Weiße Göltzsch und die Rote Göltzsch, mein ständiger Begleiter war. Aber was wusste ich schon über diesen Fluss? Immerhin war mir bekannt, dass die Weiße und die Rote Göltzsch am nördlichen Ortsrand von Ellefeld zur Göltzsch werden, die dann durch Auerbach und Rodewisch fließt. Die nächste Etappe ist Lengenfeld. Die Göltzsch strömt wie fast alle Flüsse des deutschen Erzgebirges und des Vogtlandes ,bergab' nach Norden. In der Ortslage Lengenfeld verändert der Fluss seine Fließrichtung und bewegt sich fast geradeaus in Richtung Nordwesten durch das grüne Band des Göltzschtales hinein nach Greiz. Zuvor geht es an der Schotenmühle vorbei nach Mühlwand bei Rotschau. Danach folgen die Städte Mylau und Netzschkau. Im weiteren Verlauf bildet die Göltzsch in einem felsigen, fast schluchtenartigen Tal die Landesgrenze zwischen Sachsen und Thüringen, um sich dann mit der Weißen Elster zu vereinigen.

Doch so weit wollte ich heute gar nicht. Ich war froh, wenn ich es pünktlich an mein Ziel schaffte. Da ich so in meine Überlegungen vertieft war, bekam nicht mit, wie ich immer langsamer wurde. Was wohl auch daran lag, dass ich mich im Schutz des Waldes sicher fühlte. Hier würde ich mit meinem Aufzug nicht auffallen. Bevor ich wieder kräftig in die Pedale trat, wischte ich mir den Schweiß von der Stirn. Meine Bemühungen wurden damit belohnt, dass ich schon bald die ersten Häuser von Lengenfeld an mir vorbeifliegen sah. Zum Glück begegnete mir diesmal niemand, als ich durch den Ort fuhr. Für einen kurzen Moment musste ich daran denken, dass es von hier aus nur noch ein Katzensprung bis zum Freizeitpark Plohn **94** war, der jährlich Hunderttausende Gäste von Groß bis Klein begeisterte. Es war schon gigantisch, schoss es mir durch den Kopf, wozu sich der kleine Märchenpark am Forellenhof im Laufe von nur wenigen Jahren gemausert hatte. Vorbei an idyllischen Wiesen und Feldern ging es weiter zum ehemaligen Bahndamm. Dem jetzt sandgeschlämmten Radweg, der mich zur nächsten Etappe meiner Radtour bringen sollte: der Gegend um Weißensand-Mühlwand. Kurz nachdem ich die Autobahnbrücke unterquert hatte, ging es linker Hand nach Buchwald, wo sich das Goldmuseum **95** befindet und wo man mit etwas Glück Hobbygoldwäschern beim Schürfen zusehen kann. Natürlich findet diese Attraktion nicht im Museum statt. Dazu trifft man sich an der Göltzschtalbrücke. Wem die Museumsbesichtigung nicht ausreicht, der hat die Möglichkeit, an Schauwaschungen teilzunehmen. Ein nicht nur für Erwachsene, sondern auch für Kinder reizvolles Abenteuer. Erst recht, wenn man das dabei gefundene Gold mit nach Hause nehmen darf. Kein Wunder, dass viele Eltern regen Gebrauch von dem Angebot des Goldmuseums machen und dort Kindergeburtstage feiern.

Wenige Minuten später hatte ich Käppels Floßteiche **96** erreicht. Der Name ist der Tatsache geschuldet, dass man den großen Teich mit gemieteten Flößen befahren kann. Auf ihnen laden Bänke und Tische zum Verweilen, Ruhen, Genießen oder Feiern ein. Am Teich beginnt auch der etwa einen Kilometer lange Natur- und Fischlehrpfad der Interessengemeinschaft Fließgewässerschutz Sachsen. Der Verein hat die Göltzsch zwischen Falkenstein und Mylau gepachtet. Mit etwas Glück kann man die Mitglieder beim Fliegenfischen oder beim Frühjahrsputz beobachten. Entlang des hier besonders romantisch gelegenen Flusses vermitteln über 30 Bildtafeln allerlei Wissenswertes zum vielfältigen Leben am und im Fluss. Am Kiosk kann man die Anleitung für ein Kinderquiz zum Lehrpfad abholen und Kinder im Grundschulalter rund eine Stunde lang sinnvoll beschäftigen. Ich hatte schon oft Schulklassen getroffen, die bei ihrem Wandertag an den Teichen Station machten und nach Antworten auf die 33 Fragen suchten. Am Wochenende waren vor allem Familien mit Kindern hier.

Nachdem ich mir am Kiosk eine kleine Stärkung gegönnt hatte, steuerte ich weiter in Richtung Mylau. Bei meinem letzten Besuch hier hatte ich dem direkt am Weg liegenden Alaunbergwerk in Mühlwand **97** noch einen Besuch abgestattet. Doch ich wusste, dass das Bergwerk beim Junihochwasser 2013 überflutet worden war und deshalb nur das Außengelände zugänglich war. Ich hatte ohnehin keine Zeit für einen Abstecher, deshalb radelte ich weiter.

Einen wehmütigen Moment lang blieben meine Augen am Mylauer Freibad **98** hängen. Schon den ganzen Tag über war es drückend warm. Wie schön wäre jetzt eine Abkühlung gewesen, um mir den Schweiß vom Körper zu spülen. Ein Blick auf die Uhr und der sich von Norden her verdunkelnde Himmel belehrte mich eines Besseren. Inzwischen ging es auf Viertel sechs zu. Ich durfte keine Zeit verlieren, wollte ich mein Ziel noch im Trockenen erreichen. Weiter ging es vorbei an der auf einem Felssporn gelegenen Burg Mylau 99 und von dort auf direktem Weg zu der weltgrößten Ziegelsteinbrücke, der Göltzschtalbrücke 100 . Dieses imposante Bauwerk überspannt das Tal von Obermylau bis Netzschkau und dient heute noch als Zugstrecke. Die Göltzschtalbrücke ist das Top-Fotomotiv des Vogtlandes. Vor allem aber ist sie das Symbol für die Identifikation der Vogtländer mit ihrer Heimat. Bis zur Einmündung der Göltzsch in die Weiße Elster bei der ehemaligen Papierfabrik in Greiz kann man auf einer Straße dem Flusslauf weiter folgen und seine Radtour mit dem Elsterradweg 101 kombinieren. Doch da mein Plan anderes vorsah, verließ ich den Radweg. Schon nach wenigen hundert Metern tauchte vor mir das Ortseingangsschild von Netzschkau auf. Auf den ersten Blick hatte der nahe der Göltzschtalbrücke gelegene Ort nicht viel zu bieten. Doch der Eindruck täuschte. Hinter hohen Bäumen verborgen, kam unweit des Marktes das spätgotische Schloss 102 in mein Sichtfeld. Ich stieß einen erleichterten Seufzer aus. Gleich hatte ich mein Ziel erreicht.

Plötzlich mischte sich in die gewittrige Schwüle des Juniabends fernes Donnergrollen. Als ich mit meinem Rad um die letzte Kurve bog, türmten sich bedrohlich dunkle Wolkenberge über dem in gleißendes Licht getauchten Schloss, dem man ansehen konnte, dass es vor noch nicht allzu langer Zeit komplett renoviert worden war. Leider nur von außen. Für mehr hatte das Geld nicht gereicht. Staffelgiebel, zwei Türme und Vorhangbogenfenster verliehen ihm eine ganz eigene Note. Genauso hatte ich mir immer ein Märchenschloss vorgestellt. Dabei hatte ich bis vor einigen Jahren noch nichts von der Existenz dieses Kleinodes geahnt. Das hatte sich erst geändert, als ich vom Schlossförderverein die Einladung zur Kriminacht erhalten hatte. Bei einem Stammtisch im Vorfeld wurde meinen Autorenkollegen und mir eine Führung von ganz besonderem Reiz zuteil. Das Schloss bot von den Kellerräumen bis zum Dachgeschoss alles, was das Herz eines Krimiautors höher schlagen lässt. Angefangen bei den großen tonnenartig gewölbten Kellern und dem Festsaal mit den Elementen aus Stempelstuck über die Wandmalereien bis hin zum rustikalen Fechtboden mit seiner beeindruckenden Holzkonstruktion wurde uns ein Abriss sächsischer Geschichte und Architektur geboten.

Meine Erinnerungen daran wurden von der Suche nach einem geeigneten Unterstand für mein Rad verdrängt. Kaum hatte ich eine passende Stelle gefunden, zerplatzten die ersten kirschkerngroßen Regentropfen auf meinem Gesicht. Zum Glück hatte ich einen Schirm dabei. Ich spannte ihn auf und eilte dem Schlossportal entgegen.

Die in der Luft liegende Spannung rührte nicht nur von dem bevorstehenden Unwetter. Plötzlich wehte mir der Duft eines mir wohlbekannten Parfüms entgegen: »Boudoir« von Vivienne Westwood. Ein wissendes Lächeln umspielte meine Lippen. Ich kannte niemanden, bei dem er so vollendet zur Geltung kam wie bei Mascha Feig. Mein Lächeln vertiefte sich, als ich der Trägerin gegenüberstand. Wie immer war sie perfekt geschminkt. Das Kostüm, das sich an ihren schlanken Körper schmiegte, ließ ihre wohlproportionierten Rundungen erahnen. Mich überfiel ein wohliger Schauer. Maschas Garderobe für diesen Abend bestand aus einem Ensemble aus atlasweißer Seide. Sie strahlte damit einen fast überirdischen Glanz aus. Langes blondes Haar umspielte ein feingeschnittenes Gesicht mit hohen Wangenknochen und haselnussbraunen Mandelaugen. Einen Moment zu lange verweilten meine Augen auf ihrem sinnlichen Mund. Einem Mund, von dem ich wusste, wie er sich beim Küssen anfühlte. Samtig feuchte Lippen in der Farbe der Maraskakirsche. Ich errötete, als Mascha mir einen flüchtigen Kuss auf die Wange hauchte.

»Es gibt keinen Grund, sich Sorgen zu machen. Alles läuft nach Plan«, flüsterte sie mir ins Ohr. Noch während sie sprach, zog sie ein Taschentuch hervor und wischte mir damit besorgt über mein schweißnasses Gesicht. »Ich kann mich doch auf dich verlassen?«

Ihre bloße Gegenwart hatte mich derart verwirrt, dass ich kaum bemerkte, wie sie ihren Autoschlüssel mit einem verschwörerischen Lächeln in die Tasche meines Anzugs gleiten ließ. Eine Geste, die so beiläufig erschien, dass sie schon wieder vertraut wirkte. Und die auf eine von mir ersehnte, bislang jedoch unerreichte Intimität verwies. Während ich in ihrem Gesicht voll neu erwachter Hoffnung nach weiteren Anzeichen dafür suchte, fiel mir auf, wie angespannt sie wirkte. Ihre Selbstsicherheit schien aufgesetzt. Wie eine Maske, hinter der Zweifel und mir bislang verborgene Ängste lauerten. So kannte ich Mascha gar nicht. Insgeheim hoffte ich, dass ihre Anspannung nicht meinem ramponierten Aussehen geschuldet war. Bevor ich sie darauf ansprechen konnte, zerriss ein weißgezackter Blitz den Himmel. Der nun in Kaskaden herabströmende Regen brachte mich wieder zur Besinnung. Mascha schlüpfte unter meinen Regenschirm und gemeinsam beeilten wir uns ins Trockene zu kommen.

Mein erster Gang galt der Toilette. Es war die letzte Möglichkeit, mein Äußeres aufzupolieren. Im Schloss wurden wir schon erwartet. Neben bekannten Gesichtern befanden sich ein paar Neulinge unter den extra für diesen Abend aus ganz Deutschland angereisten Autoren. Schließlich gehörte nicht nur Spannung, sondern auch Vielfalt zu den unverzichtbaren Komponenten einer solchen Veranstaltung. Nach einer kurzen Begrüßung wurde den Autoren ein Ablaufplan ausgehändigt. Es gab vier Lesestaffeln. Ich war in Staffel zwei und drei zu hören. Mascha in Staffel vier. Ihr Auftritt sollte die Krönung des Abends werden. Immerhin war sie nicht nur Sachsens beste Krimiautorin, längst galt sie in ganz Deutschland als die neue ungekrönte Krimiqueen. Schon ihr erstes Buch hatte kaum einen Monat nach seiner Veröffentlichung die Bestsellerlisten im Sturm erobert. Von daher hätte sie sich den Auftritt eigentlich sparen können. Doch Mascha hatte vor, dem Publikum einen unvergesslichen Abend zu bereiten. Ich kannte sie inzwischen gut genug, um zu wissen, dass ihr niemand ausreden konnte, was sie sich einmal in den Kopf gesetzt hatte. Also versuchte ich es erst gar nicht. Ich hatte mich auf dieses Spiel eingelassen, also würde ich es auch durchziehen. Mascha hatte das Ganze genau geplant. Ich sah jetzt noch ihr belustigtes Gesicht vor mir, als sie mir das

Schwert auf die Brust gesetzt hatte. Statt von seiner messerscharfen Schneide durchbohrt zu werden, war ein Teil der Klinge im Griff verschwunden. Meine Angst wich Anerkennung, nachdem ich den Trick durchschaut hatte. Die Sache schien idiotensicher. Während ich die Krimifans mit launischen Sprüchen dazu brachte, mir in den Keller zu folgen, ging ich im Geist noch einmal den heutigen Ablauf durch.

Die nach der dritten Lesestaffel geplante Pause gab mir genügend Zeit, um zu Maschas Auto zu gehen, und mich mit den dort bereitgelegten Sachen im Schutz der Dunkelheit für meinen Auftritt umzuziehen. Sobald die vierte Lesungsstaffel begonnen hatte, schlich ich, angetan mit einem schwarzen Kapuzenumhang und einer Totenmaske vorm Gesicht, ins Schloss zurück. Wie erwartet waren die Gänge menschenleer. Die Hand fest um den Schwertknauf geklammert, näherte ich mich dem Festsaal. Dort angekommen, griff ich nach der Klinke, drückte sie behutsam nach unten und ging hinein. Nachdem ich mich davon überzeugt hatte, dass niemand Notiz von meiner Anwesenheit genommen hatte, sah ich mich verstohlen in dem Saal um, der bis auf den letzten Platz besetzt war. Es schien vor Spannung zu knistern. Mascha saß neben einem schmiedeeisernen Kerzenständer und las aus ihrem Buch vor, das soeben erst auf dem Markt erschienen war. Nach etwa der Hälfte der Lesezeit hob sie den Kopf, warf einen für die Zuhörer kaum wahrnehmbaren Blick in meine Richtung und nahm einen tiefen Schluck aus dem Wasserglas, das neben ihr stand. Für mich das vereinbarte Zeichen, um in Aktion zu treten. Ich stürmte an dem Publikum vorbei, das mich verdutzt musterte, auf die Autorin zu, die bei meinem Anblick erbleichte. Noch im Laufen zog ich das Schwert aus seiner Scheide und schwang es theatralisch durch die Luft. Etwa zwei Schritte von Mascha entfernt, zielte ich auf die Stelle, hinter der ich den Plastikbeutel vermutete, der mit Ketchup gefüllt war. Schließlich sollte mein Auftritt täuschend echt wirken. Die Augen zu schließen und zustechen, war eins. Nachdem ich den tödlichen Stich ausgeführt hatte, sah ich Mascha mit schreckensbleichem Gesicht zu Boden gehen. Der Blutfleck auf ihrem Kleid wurde rasch größer. Noch während ich mich darüber wunderte, wieso sich das Ketchup auf einmal in eine Fontäne verwandelt hatte, ließ mich ein entsetzter Aufschrei zusammenfahren. Ein Raunen, das von Sekunde zu Sekunde anschwoll, ging durch die Zuschauerreihen. Vermischt mit ersten hysterischen Schreien. Bevor ich mich zum Gehen wenden konnte, hörte ich plötzlich ein Geräusch, das mir das Blut in den Adern stocken ließ. Es zischte, als würde Luft aus einem unter Hochdruck stehendem Ballon entweichen. Sicher war das auf meine überreizten Nerven zurückzuführen. Man verübt schließlich nicht alle Tage einen Mord – auch wenn dieser nur vorgetäuscht war, um dem Publikum eine unvergessliche Kriminacht zu bescheren.

Plötzlich befiel mich eine schreckliche Vorahnung. Ich konnte fühlen, dass etwas nicht so war, wie es sein sollte. Lag es an der Art und Weise, wie Mascha mit vor Todesangst geweiteten Augen durch mich hindurchschaute? Oder an der seltsam verkrampften Haltung, in der sie vor mir lag? Ich wusste es nicht. In meinem Hinterkopf begann eine Stimme zu lärmen. Sie rief mir zu, endlich die Flucht zu ergreifen. Doch es wollte mir einfach nicht gelingen, den Blick von dem immer größer werdenden Blutfleck abzuwenden.

Irgendwann legten sich mir zwei bleierne Hände auf die Schulter und ich vernahm ein metallisches Klicken an meinen Handgelenken. Da erst begriff ich. Und mit dem Verstehen steigerte sich mein Grauen. Voller Verzweiflung fragte ich mich, wie es dazu kommen konnte, dass Mascha tot war. »Das ist nur ein Scherz, ein kleiner fieser Scherz. Wir wollten Ihnen doch nur einen Schreck einjagen. Komm schon, Mascha«, hörte ich mich mit flehentlicher Stimme sagen, »steh auf und sag's Ihnen. Sag, dass es nur ein Gag ist. Bitte steh auf! Du kannst mich doch jetzt nicht hängen lassen …«

Schweißgebadet riss ich die Augen auf und schnappte nach Luft. Mein Herz raste. Es dauerte einen Moment, bis ich begriff, dass ich in meinem Bett lag. »Ein Traum«, war alles, was ich voll grenzenloser Erleichterung denken konnte. Benommen erhob ich mich aus den feuchten Laken und tastete nach dem Lichtschalter. Als ich gegen die plötzliche Helligkeit anblinzelte, fiel mein Blick auf das mit Blut besudelte Schwert zu meinen Füßen und mein Lächeln gefror zu Eis.

92 Schlossinsel Rodewisch: Die Schlossinsel ist die am besten erhaltene Wasserburg im Vogtlandkreis. Hier befindet sich ein Museum mit wechselnden Ausstellungen, das vor allem für seine Weihnachtsschau bekannt ist. Sehenswert sind auch die Grundmauern des früheren »Festen Hus«. In der Sommersaison kann man auf dem Gondelteich rudern oder es sich bei einer Tasse Kaffee und Kuchen gut gehen lassen. Veranstaltungen auf der Freilichtbühne oder im Renaissance-Schlösschen laden ein. Beliebt ist die Schlossinsel auch bei Brautpaaren, die sich im stilvollen Rahmen des Festsaales trauen lassen.

93 Göltzschtalradweg: Der Radweg mit einer Streckenlänge von circa 50 Kilometern beginnt an der Vogtland Arena in Klingenthal im oberen Vogtland und führt vorbei an der romantischen Talsperre Muldenberg bis zur Göltzschtalbrücke. Unterwegs kann man auf den Radweg Falkenstein–Oelsnitz abbiegen, um auf den Elsterradweg zu gelangen. Am Weg oder in unmittelbarer Nähe befinden sich viele touristische Ziele wie das Flößerdorf Muldenberg oder die Burg Mylau. Der Weg ist durch das Radwegschild mit dem Schriftzug »Göltzsch« gekennzeichnet.

94 Freizeitpark Plohn: Der 1996 gegründete, von Ostern bis Oktober geöffnete Freizeitpark ist einer der jüngeren Parks in Deutschland. Mit einer

Höhe von 25 Metern und einer Streckenlänge von 725 Metern ist die Holzachterbahn *El Toro* mit Abstand die Attraktion des Parks. Höhepunkte sind die größte Schulanfängerparty Sachsens, Halloween oder Lasershow und Höhenfeuerwerk zum Saisonabschluss.

95 Vogtländisches Goldmuseum und Naturalienkabinett Buchwald: Das Museum ist freitags bis sonntags von 13 Uhr bis 18 Uhr oder mit Voranmeldung (Telefon 03765 / 36 66 5) geöffnet. Die Besucher werden durch eine facettenreiche Sammlung geführt. Angeboten werden auch Goldwaschvorführungen oder -lehrgänge in der Göltzsch.

96 Käppels Floßteiche: Frei zugängliche Freizeitanlage direkt im Göltzschtal unterhalb der Zufahrt Jägerhaus in Richtung Teichwärterhaus und »Herberge im Göltzschtal«. Die Teiche kann man auf gemieteten Flößen mit Sitzgelegenheiten befahren. Nahe an der Göltzsch befindet sich der rund einen Kilometer lange Natur- und Fischlehrpfad der Interessengemeinschaft Fließgewässerschutz Sachsen. An der Brutzelhütte erhält man auch die Unterlagen für das Kinderquiz zum Lehrpfad. Weitere Tafeln im Gelände weisen auf die Geschichte der Schotenmühle und andere Besonderheiten hin.

97 Alaunbergwerk Mühlwand: Seit 2002 geöffnet. Zu sehen sind farbenprächtige Stollen mit Tropfsteinen und verschiedene Sintergebilden. Dazu erfährt man

Wissenswertes über den Bergbau des 18. Jahrhunderts und über den Alaunschiefer und seine Verwendung. Hinweis: Das Freigelände ist begehbar. Wegen Hochwasserschäden vom Juni 2013 ist das Bergwerk gesperrt, soll jedoch nach umfangreicher Rekonstruktion wieder geöffnet werden.

98 Mylauer Bad: Das Bad ist von Mai bis September geöffnet. Neben einem Drei-Meter-Sprungturm gibt es ein separates Baby-Planschbecken. Außerdem stehen Startblöcke für geübte Startspringer bereit.

99 Burg Mylau: Sie wurde im Zuge der deutschen Besiedlung des Vogtlandes um 1180 auf einem Felssporn im Mündungstal von Göltzsch und Raumbach errichtet. Die Burg gilt als die am besten erhaltene Burganlage des nördlichen Vogtlandes und enthält ein Museum zur Burg-, Stadt- und Regionalgeschichte. Es wird vom Evangelischen Schulverein Vogtland betrieben, der zusammen mit dem Burgförderverein alljährlich wiederkehrende Veranstaltungen wie das mittelalterliche Burgfest oder die Burgweihnacht organisiert.

100 Göltzschtalbrücke: Die Eisenbahnbrücke ist mit 571 Metern Länge und 78 Metern Höhe die größte Ziegelbrücke der Welt und das Wahrzeichen des Vogtlandes. Sie überspannt das Tal der Göltzsch zwischen den Orten Mylau und Netzschkau. Über die 29 Bögen verläuft die zweigleisige Bahnstrecke

Leipzig–Hof. Ihr Konstrukteur Johann Andreas Schubert erblickte im vogtländischen Bierdorf Wernesgrün das Licht der Welt.

101 Elsterradweg: Der 2004 eröffnete Elsterradweg führt größtenteils entlang der Bahnstrecke Eger–Plauen, der Elstertalbahn und des Flusses Weiße Elster über 250 Kilometer von der Elsterquelle in Böhmen durch Tschechien, Sachsen, Thüringen und Sachsen-Anhalt. Er befindet sich teilweise noch im Bau. Zu den Sehenswürdigkeiten entlang der Vogtland-Strecke zählen die Miniaturschauanlage »Klein-Vogtland« in Adorf, das Vogtlandmuseum und die Galerie e.o.plauen in Plauen, die Burgruine Liebau, die Elstertalbrücke Jocketa, das Städtische Museum Zeulenroda, das Bauernmuseum Nitschareuth und die Burgruine Reichenfels.

102 Schloss Netzschkau: Schloss Netzschkau wurde um 1492 als eines der ersten sächsischen Wohnschlösser erbaut und ist das einzige spätgotische Schloss im Vogtland. Besichtigt werden kann das von außen komplett restaurierte Schloss von April bis Oktober jeweils sonnabends, sonntags und an Feiertagen von 13 bis 17 Uhr. Das Schloss ist Ausgangspunkt und einer von vielen Veranstaltungsorten des vom Förderverein initiierten Projektes KrimiLiteratur-Tage Vogtland, die alljährlich zwischen Ende März und Juni stattfinden.

FLUTOPFER

MANFRED KÖHLER

Was sie tat, war lebensgefährlich. Es war polizeilich verboten. Es wurde mit jedem Meter anstrengender. Aber sie hatte die Absperrung inzwischen weit hinter sich gelassen und dachte nicht daran, wieder umzukehren.

In Anglerhosen und die Kamera bis auf die Linse fest in Plastik verpackt, stapfte Jennifer Steinberg durch den Greizer Park **103** auf das Sommerpalais **104** zu. Die Wassermassen, die sie umfluteten, waren in ständiger Bewegung, zerrten an ihren Beinen und drohten immer wieder, ihr die Füße wegzureißen.

Erst wenige Wochen zuvor war der als schönster klassizistischer Park Mitteldeutschlands geltende Lustgarten um das Sommerpalais in seiner früheren Pracht wiederhergestellt worden. Jennifer ging es freilich nicht um den Park, denn davon war sowieso nichts mehr zu erkennen außer abgesoffener Bäume und Büsche. Ihr Auftraggeber wollte brandaktuelle Bilder des überschwemmten Gartensaales.

Das Sommerpalais war verschlossen, Sandsäcke lagen schützend davor, aber durch die Fenster und Glastüren ließ sich der lichtdurchflutete Saal auch von außen fotografieren. Es kostete Jennifer einiges an Kraft und Konzentration, inmitten der ständig schwappenden und in Bodennähe stark strömenden Wassermassen wenigstens ein unverwackeltes Bild aus jeder Blickrichtung aufzunehmen.

Als sie die Frontseite abgearbeitet hatte und sich um die Ecke zum Museumseingang durchkämpfen wollte, riss es ihr fast die Füße weg. An dieser Stelle war sie der Weißen Elster am nächsten, und die Strömung der Flut hatte freie Bahn. Mit allen Sinnen spürte Jennifer die tödliche Gefahr. Sie war keine gute Schwimmerin. Und sie hatte Angst um ihre teure Kamera. Pfeif also auf diesen letzten Blickwinkel von Westen her!

Sie hatte genug Bilder auf dem Chip, um das Honorar einzusacken, und gab auf. Nach einem letzten Blick in Richtung des Küchenhauses 105, das als Café genutzt wurde, praktisch direkt am Fluss stand und von der Flut am stärksten betroffen war, wollte sie sich abwenden, um schleunigst wieder festen Boden unter den Füßen zu haben. Aber sie sah etwas, das sie ihren Gedanken an Rückzug sofort vergessen ließ.

Zwischen der Südwest-Ecke des Sommerpalais, ihrem Standort und dem Küchenhaus ragte eine breit ausladende Baumkrone aus dem Wasser. Und unweit vom Stamm bewegte sich etwas.

Sprangen hier Fische? Nein, wie ein Fisch sah das fünfgliedrige, immer wieder auf- und untertauchende Ding nicht aus. Eher wie … – eine menschliche Hand!

Offenbar kämpfte da ein Flutopfer ums Überleben!

Jennifer kannte kein Halten mehr. Von der Strömung umtost und ohne Rücksicht auf sich selbst, stemmte sie sich Schritt für Schritt voran und erreichte endlich die nach Hilfe rudernde Hand. Sie zog den Arm aus dem Wasser und zerrte daran. Aber der Körper hing am Baumstamm fest. Wie konnte das sein?

Hastig nahm sie ihre umgehängte Kamera vom Hals,

schnappte nach einem Ast, band ihren wertvollsten Besitz daran fest und ließ sich auf die Knie fallen. Das Wasser war etwa einen Meter tief und ziemlich kalt. Jennifer ertastete eine ebene Oberfläche, die sich ringförmig um den Baumstamm schloss.

Eine Bank!

Unter der Sitzfläche hatte sich der Körper verklemmt. Alles Ziehen und Zerren half nichts, sie musste sich an Armen, Brust und Bauch entlang zu der Stelle tasten, wo er festhing. Jennifer war der völligen Erschöpfung nahe, als sie es endlich schaffte, den schweren leblosen Mann unter der Bank hervorzuzerren und auf der Sitzfläche abzulegen, die in der trüben Brühe nicht zu sehen war.

Ohne in ihrer Aufregung daran zu denken, zuerst mal den Puls zu fühlen, warf sich Jennifer mit ihrem vollen Gewicht auf Bauch und Brust des Verunglückten, um ihm das Wasser aus dem Leib zu pressen, und beugte sich dann über ihn zur Mund-zu-Mund-Beatmung. Sie freute sich auf den ersten Blick aus den dankbaren Augen des dem Tode Entrissenen und sah schon jetzt ihr Foto als Lebensretterin in allen Zeitungen.

Was sie dann allerdings bekam, war ein unglaublicher Anschiss.

»Sie haben Ihre Lippen auf eine steife, eiskalte Wasserleiche gepresst und wollen nicht gemerkt haben, dass da nichts mehr zu retten war?!« Polizeihauptkommissar Clemens Fischer kam sich verarscht vor, und dieses Gefühl brachte ihn mehr und mehr auf. Der kleine, rundliche Mann mit dem Bürstenhaarschnitt kannte kein Mitleid mit der vor Auskühlung und Entsetzen zitternden, noch immer durchnässten Jennifer Steinberg und verbat seinem Assistenten Rüdiger Raupaul mit einer harschen Geste sogar, ihr einen Pappbecher mit Kaffee zu reichen.

»Ich dachte doch, es wäre gerade erst passiert«, jammerte Jennifer und trat von einem Fuß auf den anderen. In ihrer Anglerhose stand Wasser und quietschte bei jeder Bewegung. »Seine Hand ging auf und ab, so als winkte er um Hilfe.«

Ihr Hofer Dialekt erzürnte den Ermittler noch mehr. Er hasste obervorwitzige Besserwessis, vor allem solche aus dem ehemaligen Grenzland. »Sie haben einen mutmaßlichen Tatort zerstört. Was zum Teufel haben Sie da hinten überhaupt getrieben?«

»Ich bin Fluthelferin, und …«

»Von wegen Fluthelferin! Von der Presse sind Sie, das sehe ich Ihnen doch an. Wissen Sie was, Ihre Kamera ist beschlagnahmt. Raupaul!«

Zögerlich griff der Assistent nach Jennifers Spiegelreflex und reichte ihr mit der anderen Hand verstohlen nun doch noch den Kaffee. Hastig trank sie einen Schluck, und Fischer, der ihr den Becher schon wieder entreißen wollte, begriff, dass Raupaul sich damit die Kamera kampflos erhandelt und die Zeugin fügsamer gemacht hatte. Er dachte nicht daran, sie allzu lange in dieser kleinen Komfortzone zu lassen, und fuhr mit seiner Befragung fort. »In welchem Verhältnis standen Sie zu dem Toten?«

Jennifer verschluckte sich an ihrem Kaffee und protestierte: »In gar keinem. Ich weiß nicht, wer das ist.«

Fischer nickte, machte einen Schritt zur Seite und präsentierte das rot-weiße Absperrband, hinter dem der überschwemmte Greizer Park lag. »Wissen Sie, was das ist?«

»Natürlich weiß ich das.«

»Betreten verboten! Auch und erst recht für Sensationstouristinnen und Klatschreporterinnen.«

»Aber das bin ich nicht! Weder das eine noch das andere.«

»Und was sind Sie dann, bitte sehr?«

»Chef …« Raupaul hatte die Bilder auf Jennifers Kamera durchgeblättert und hielt Fischer das Display entgegen. »Der Gartensaal von außen nach innen fotografiert. Sonst nichts. Aufgenommen, kurz bevor sie bei uns anrief und den Leichenfund anzeigte.«

Widerwillig gab Fischer ihr die Kamera zurück und wedelte mit ihrem Personalausweis. »Den behalte ich erst mal. Sie bleiben in Greiz, bis ich mich bei Ihnen melde, und halten sich für eine weitere Befragung bereit. Und wenn ich Sie noch einmal in einem gesperrten Bereich erwische …«

»Schon klar.«

»Unterbrechen Sie mich nicht! Wehe, wenn das kein hundertprozentiges Flutopfer ist. Dann sind Sie die erste und einzige Mordverdächtige.«

»Was hattest du denn vorhin mit der Polizei zu reden?«, fragte Lydia Wühst, Jennifers Fluthelfer-Kollegin. Sie waren die einzigen Fränkinnen unter den Sandsack-Füllern. Sie hasste diesen Job. Jennifer wollte keine blöden Säcke mit Sand befüllen, sondern sie stapeln, und zwar im Brennpunkt des Geschehens. Dort, wo es etwas zu fotografieren gab.

»Ach, nichts weiter.«

»Aber du warst pudelnass. Bist du ins Wasser gefallen? Was war denn da am Sommerpalais überhaupt los?«

»Hab 'ne Leiche gefunden«, nuschelte Jennifer in Richtung ihres aktuellen Sandsack-Projektes und wiederholte auf Nachfrage überlaut: »Eine Leiche! Ja, vermutlich ertrunken.«

»Wahnsinn! Also ein Flutopfer?«

»Weiß nicht. Sie sah bei näherer Betrachtung ganz schön ramponiert aus.«

»Na, lass du dich mal kilometerweit von einer reißenden Strömung herumwirbeln und gegen Hindernisse schleudern.«

»Nach dem Tod entstehen keine blauen Flecken mehr. Außerdem war der Körper unter einer Bank verkeilt.«

»Eben druntergespült, mit aller Gewalt. Oder? Was denn, denken die etwa Mord?«

»Die erzählen einem ja nichts. Und so richtig ermittelt haben sie auch nicht.«

»Na, wie auch. Kommst du mal?«

Jennifer ließ ihre Schaufel fallen und half Lydia, fertige Sandsäcke auf den bereitstehenden Laster zu verladen.

»Die haben eigentlich überhaupt nichts gemacht, außer den Toten abtransportieren zu lassen. Ich glaube, die hatten Schiss vor der Strömung da hinten.«

»Ich glaube eher, in diesen tosenden Wassermassen gibt es sonst nichts zu finden. Wenn da was war, wurde es längst weggespült.«

»Außer, es hat sich auch irgendwo verhakt.«

Jennifer fand es etwas zynisch, in einer überschwemmten Stadt nach einer Taucherbrille zu fragen. Ein geregelter Einkauf war ohnehin unmöglich. Und das Wasser viel zu dreckig. Also schlüpfte sie nach Ende ihrer Schicht wieder in ihre Anglerhose, die über den Tag halbwegs getrocknet war, und suchte sich einen möglichst unauffälligen Zugang zum überschwemmten Greizer Park.

Die Flut war leicht zurückgegangen, aber noch immer kam das Stapfen durch das knapp kniehohe Wasser quer zur Strömung einer sportlichen Hochleistungsübung gleich. Als Jennifer den Baum zwischen Sommerpalais und Küchenhaus erreichte, war sie durchgeschwitzt und völlig außer Atem. Sie hielt Ausschau nach zusätzlichen Absperrungen, solchen für einen Tatort, oder gar Polizeipräsenz. Aber weit und breit war kein Mensch zu sehen. Nichts war markiert. Die Sitzfläche der Bank befand sich nur noch wenige Zentimeter unter der Wasseroberfläche, und so ließ sie sich erstmal darauf fallen und verschnaufte.

Während sie sich ein, zwei Minuten ausruhte, hielt sie es vor Neugier nicht mehr aus und tastete bereits nach vorn gebeugt im Wasser unter Bank herum. Ein dickes, klumpiges und vollgesogenes Ding, das sie als Erstes hervorzog, erwies sich als Ballen aus der Bepflanzung des sogenannten Blumengartens. Das war nicht weiter verwunderlich, lag doch das überspülte Beet nur ein paar Meter entfernt, aber dieser kleine Fund vermittelte Jennifer erstmals eine wirkliche Einsicht in die apokalyptische Zerstörung durch die Naturgewalten. Hatte sich die Dreckbrühe erst zurückgezogen, würden die Menschen hier vor einer Mondlandschaft stehen und ganz von vorn anfangen müssen.

Sie schüttelte den Gedanken ab und suchte weiter. Immer eine Hinternbreite weiter zur Seite rutschend, befühlte sie alles, was sich unter der Bank mit Händen greifen ließ, und untersuchte vor allem die Kantwinkel unter der Sitzauflage. Als sie den Stamm einmal fast umrundet und außer Müll und Bepflanzungsresten nichts aus dem Wasser gezogen hatte, was auch nur im Mindesten mit ihrem Leichenfund zu tun hatte, war sie drauf und dran aufzugeben. Sie konnte unmöglich allein das ganze Areal um das Sommerpalais auf diese Weise absuchen.

Aber wenigstens den restlichen Bereich unter der Sitzfläche konnte sie noch inspizieren. Jennifer rutschte das letzte Stückchen weiter, sodass sie ihren Ausgangssitzplatz wieder einnehmen würde, beugte sich nach vorn, zur Seite, tastete in alle Richtungen und fand wieder nichts.

Eine letzte Möglichkeit blieb ihr noch: der Baum selbst. Sie drehte sich mit dem Gesicht zum Stamm, glitt mit den Händen an der Borke abwärts und fand, wie erhofft, zwischen Wurzelverzweigungen und Erdboden so manchen Spalt und Hohlraum. Jetzt endlich wurde sie fündig. Fassungslos zog sie eine Digitalkamera aus dem Wasser.

Verglichen mit ihrer Canon war das hier eine Knipskiste, aber darauf kam es nicht an. Wie durch ein Wunder hatte sich die kleine, aber hochwertige Pocketkamera in einem Wurzelknick verhakt und sich gegen den Druck der Wassermassen dort verkeilt. Jennifer drückte den Einschaltknopf und war nicht sonderlich enttäuscht darüber, dass nichts passierte. Viel mehr Hoffnung setzte sie auf die Speicherkarte.

Hastig entnahm sie den Chip, trocknete ihn an ihrem T-Shirt ab und tauschte ihn mit dem ihrer eigenen Kamera. Sie hielt die Luft an, als sie einschaltete – und konnte kaum glauben, wen sie da auf den zuletzt aufgenommenen Bildern sah.

»Weißt du eigentlich, welcher Kollege hinten am Sommerpalais geholfen hat, bevor die Flut kam?«, fragte Jennifer ihre Sandsack-Leidensgenossin Lydia Wühst.

»Wieso? Gibt es was Neues über den Toten?«

Jennifer vermerkte, dass Lydia sie nicht mal ansah, als sie die Frage gestellt hatte. Und dass sie ziemlich undeutlich sprach.

»Nichts Neues. Aber ich mach mir so meine Gedanken.«

»Überlass das lieber der Polizei.«

»Deine Begeisterung hat ja schwer nachgelassen. Vorhin konntest du gar nicht genug über den Leichenfund erfahren.«

»Das Thema ist durch. Und mir reicht's langsam mit dem dauernden Sand.«

»Niemand hält dich hier.«

»Und was hält dich überhaupt?«

»Ich will helfen. Und solange mich die Polizei verdächtigt, darf ich Greiz sowieso nicht verlassen.«

»Die verdächtigen dich, echt?« Lydias Neugier war schlagartig zurückgekehrt, und sichtlich sich selbst bremsend in ihrer an Begeisterung grenzenden Sensationslust, schob sie nach: »Kann ich irgendwas für dich tun? Brauchst du Leumundszeugen?«

»Wenn überhaupt, bräuchte ich ein Alibi. Aber ich weiß nicht mal, wann der Todeszeitpunkt war. Falls nachts, dann war ich allein in meiner Pension auf meinem Zimmer. Und das übrigens gar nicht weit vom Tatort.«

»Blöd für dich.«

»Wo bist du eigentlich untergekommen?«

»In Elsterberg 106 .«

»So weit weg?«

»So weit ist das nicht.«

»Und du warst gleich hier eingeteilt, an der Sandsack-füllstelle? Von Anfang an und immerzu?«

»Weißt du doch. Was soll die Fragerei?«

»Nur weil es mir hier auch langsam reicht. Ich wollte ganz andere Aufgaben wahrnehmen, als Sand zu schaufeln.«

»Zum Beispiel?«

»Vor Ort helfen, da wo die Flut tobt. Weißt du was, ich geh mich beschweren. Kommst du mit?«

»Ich? Nein, mir äh … gefällt es hier.«

»Ach echt. Hast du nicht eben gesagt …«

»Aber ich muss auch nicht an vorderster Front sein, klar!«

»Und was machst du dann eigentlich in Greiz? Ich meine, was ist dein Motiv …«

»Ich will helfen. Was sonst? Ich hab keine dicke, fette Kamera, mit der ich nebenher Sensationsfotos an die Medien verhökere.«

»Nein, hast du nicht. Du machst dich sowieso besser vor als hinter der Kamera.«

Lydia ließ die Schaufel fallen und fuhr herum. »Was meinst du denn damit?«

»Ach, nichts. Übrigens, du hast plötzlich diesen klei-nen Sprachfehler …«

»Was, spinnst du?!«

»Und die kahle Stelle da über deinem linken Ohr, wie lange hast du die eigentlich schon?«

Instinktiv tastete Lydia nach der Lücke in ihrem schwarzen Haarschopf und ließ die Hand sofort wieder sinken. »Seit dem letzten Friseurbesuch vor zwei Wochen. Den Pfuscher werd ich dafür noch drankriegen!«

»Mach das. Und leb wohl. Ich schmeiß den Job hier hin.«

In ihrer verkratzten Blechkiste lag Jennifer nun schon seit zwei Stunden, tief hinters Lenkrad geklemmt, auf der Lauer und vertrieb sich die Zeit mit Auswertung des fremden Fotomaterials und Quellenstudium. Immer wieder zappte sie die 782 Bilder des unter Wasser gefundenen Chips durch – und informierte sich über alles, was sie darauf fand, ausführlichst im Internet. Ihr Smartphone konnte sie sich eigentlich gar nicht leisten, bisher war es nichts als ein teures Spielzeug gewesen, aber nun war sie erstmals richtig dankbar dafür.

Der Eigentümer der Kamera hatte so ziemlich alles an Sehenswürdigkeiten in Stadt und Land besucht, was Touristen empfohlen wurde. Verhältnismäßig viele Bilder fanden sich von den Wandgemälden der historischen Innenstadt von Greiz **107** und vom Oberen Schloss **108**. Aber auch das Untere Schloss **109**, die Stadtkirche St. Marien **110** und die Hauptwache **111** hatten es ihm offenbar angetan gehabt. Sogar bis hinauf ans Weiße Kreuz **112**, an den Pulverturm **113** und den Gasparinentempel **114** hatte er sich bemüht.

Jennifer rang mit sich, ihren Fund der Polizei mitzuteilen, denn erstens war dies zweifelsfrei die Digitalkamera des Toten aus dem Greizer Park, er hatte sich vor fast jedem Motiv selbst abgelichtet. Zweitens zeigten seine letzten Bilder eine Person, die offenbar Hinweise zu dem Todesfall geben konnte, aber nicht mal zugegeben hatte, überhaupt in der Nähe gewesen zu sein: Auf der Bank unter dem Baum sitzend, hatte der Fotograf festgehalten, wie einerseits, mit zunehmender Dämmerung, die Flut von der Weißen Elster heranrückte – und andererseits Lydia Wühst sich am Museumseingang des Sommerpalais zu schaffen machte, zuerst am Türschloss, dann an den Sandsäcken.

Freilich ließ sich mithilfe der unterbelichteten, leicht verwackelten Aufnahmen nicht sagen, ob Lydia die Tür auf- oder absperrte und ob sie die Sandsäcke noch einmal zum besseren Schutz vor der Flut zurechtrückte oder zum Zwecke eines Einbruchs entfernen wollte. Eines jedoch wusste Jennifer genau: Zu diesem Zeitpunkt war der Strom bereits abgestellt, sodass ein Eindringen ohne Auslösen des Alarms möglich gewesen wäre.

Aber weil all das ohne ein Motiv überhaupt nichts aussagte, brachte Jennifer Wikipedia zum Glühen, statt die Polizei anzurufen, und behielt den BMW mit Würzburger Kennzeichen im Auge, der schräg gegenüber ihres eigenen Parkplatzes vor dem Greizer Stadtbauhof parkte.

Als sie endlich den ersten relevanten Treffer für den nicht gerade häufigen Namen Wühst in Zusammenhang mit den Ausstellungsinhalten im Sommerpalais Greiz bekam, tauchte der Schemen der fraglichen und inzwischen wohlbekannten Person am beobachteten Auto auf. Lydia Wühst schaute sich verstohlen um, stieg ein und rangierte aus der Parklücke.

Es verwunderte Jennifer überhaupt nicht mehr, dass Lydias Auto, nach einer flutbedingten Irrfahrt durch die Straßen von Greiz, in der Nähe eines rückwärtigen Zugangs zum Park hielt. Es war nicht gerade einfach gewesen, ihr zu folgen. Dank der Dämmerung machte ihr das Hofer Kennzeichen ihres eigenen Autos zwar keine Sorgen, aber die Straßen waren zu unbelebt, um dichtauf zu fahren. Sie durfte den Anschluss nicht verlieren, also löschte sie kurzerhand zwei Querstraßen vor dem Park die Scheinwerfer.

Ihre Anglerhosen hatte Lydia im Kofferraum, aber sie nun herauszuholen und anzuziehen, widerstrebte ihr. Das Jagdfieber hatte sie gepackt. Ihre Zielperson war zwischen den ersten Bäumen verschwunden und bewegte sich in Richtung Sommerpalais. Vielleicht war die Flut inzwischen weit genug gewichen, um zumindest trockener Beine, wenn wohl nicht trockener Füße durch den Park zu gelangen.

Jedenfalls war sie weit genug zurückgegangen, um das Ausmaß der Zerstörung zu zeigen. Die Kieswege gab es nicht mehr, sie waren komplett weggespült und zu Matschrinnen zwischen den schlammbedeckten Wiesen verkommen. Auch jetzt in der Dämmerung war der Wasserrand des Höchststandes an den Mauern des Sommerpalais deutlich zu erkennen. Wie ein Geist war Lydia an dem Gebäude entlang gehuscht und schon auf der Eingangsseite verschwunden.

Jennifer verharrte, an die Mauer der Nordseite gedrückt, und lauschte. Dass die platschenden Geräusche Sandsäcke waren, die verlagert wurden, bestätigte sich bei einem kurzen Blick um die Ecke. Lydia arbeitete wie ein Roboter und hatte die Tür bereits freigelegt. Zu Jennifers Erstaunen besaß sie offenbar einen Schlüssel, denn in Sekundenschnelle war das Sicherheitsschloss aufgesperrt und Lydia verschwunden.

Was nun? Die Polizei rufen? Jennifer zog ihr Smartphone aus der Tasche, wählte und nahm zugleich die Verfolgung wieder auf. Um die Tür so leise wie möglich zu öffnen, brauchte sie beide Hände, und so steckte sie das Telefon ein und vergaß es sogleich. Wieso hatte Lydia nicht von innen abgesperrt? Wohl um keine Zeit zu verlieren.

Im zentralen Erdgeschossgang stank es wie in einer Kläranlage. Draußen sorgte der Nachtwind für Erleichterung, aber hier drin standen die Hinterlassenschaften der Überschwemmung in der Luft und raubten einem den Atem. Vorsichtig wegen der glitschigen Schlammschicht auf dem Steinfußboden und zugleich getrieben von Neugier und Aufregung durchquerte Jennifer den Flur und erreichte die Treppe zum ersten Obergeschoss.

Kein Geräusch deutete darauf hin, wo Lydia sich gerade aufhielt, aber im völlig leer geräumten Gartensaal wohl kaum. Die Schriftstücke und Grafiken, die den Hauptteil der Exponatensammlung des Sommerpalais repräsentierten, waren vor der Flut nach oben in Sicherheit gebracht worden. Und so erklomm Jennifer bereits die Treppe, noch bevor sie entschieden hatte, was sie eigentlich unternehmen würde, träfe sie auf die Einbrecherin.

Die Entscheidung wurde ihr von ihrer eigenen Ungeschicklichkeit abgenommen. Sie streifte einen Werbe-Aufsteller, der aus Schutz vor dem Wasser auf der Treppe platziert worden war. Das blöde Ding stürzte scheppernd in die Tiefe.

Lydia kam über sie wie mit dem Fallschirm abgesprungen. Was passiert war, begriff Jennifer erst, als sie schon auf dem Aufsteller am Fuß der Treppe lag und mit der Feindin rang, die auf ihr kniete und ihr die Luft abdrückte. Der Kampf geriet kurz und quälend schmerzhaft. Als ihr die Sinne schwanden, hörte Jennifer laute Schritte, gebrüllte Befehle und sah uniformierte Männer.

Erst viel später begriff sie, dass der Ausnahmezustand infolge Sturz, Kampf und Sauerstoffmangel ihrer Erinnerung einen Streich gespielt hatte. Sie begriff es, als Polizeihauptkommissar Clemens Fischer ihr die eingetüteten Reste einer Digitalkamera-Speicherkarte über den Tisch des Vernehmungsraums schob und fragte: »Meinen Sie den Chip hier?«

Sie betrachtet die deformierten Plastikteile von allen Seiten und schüttelte den Kopf. »Keine Ahnung. Was ist denn drauf?«

»Nichts natürlich. Das Ding ist hinüber.«

»Aber dann kann das nicht meiner sein. Ich meine der aus der fremden Kamera.«

»Und wieso nicht?«

»Weil ich den aus meiner Kamera wieder rausgenommen und fest in meine Hosentasche gesteckt hatte. Der kann unmöglich beim Kampf rausgefallen und derart zerstört worden sein.«

»Den Chip fanden die Kollegen in einem Mülleimer der Palais-Verwaltung. In Ihrer Hose steckte nichts weiter als das hier …«

Wieder wanderte eine durchsichtige Plastiktüte von Fischer über den Befragungstisch zu Jennifer.

»… und dann noch das.«

Eine zweite Tüte folgte.

»Ein Schlüssel? Und Geld? Wie viel …?«

»2.000 Euro.«

»So viel habe ich gar nicht.«

»Wissen wir.«

»Und wenn ich es hätte, dann bestimmt nicht einfach so in der Tasche.«

»Tja, es war aber so. Der Schlüssel ist übrigens der zum Besuchereingang des Sommerpalais.«

»Dann hat sie mir den in die Tasche geschoben. Und das Geld vermutlich auch. Und den Chip geklaut und zerstört.«

»Aber laut Ihren Angaben waren Sie beide mitten im Kampf, als die Kollegen das Gebäude stürmten.«

»So hab ich es auch in Erinnerung, aber anscheinend war ich zwischendurch ohnmächtig. Das ging ja auch alles viel zu schnell.«

»Warum haben Sie überhaupt den Notruf gewählt?«

»Ob das der Notruf war, weiß ich nicht. Als ich Lydia Wühst in das Sommerpalais einbrechen sah, wollte ich die Polizei alarmieren, aber hab das Handy wieder eingesteckt. Mir war nicht klar, dass ich schon auf Anrufen gedrückt hatte.«

»Tja, wissen Sie, das macht den Fall für uns so schwer. Eigentlich ist alles ganz klar: Laut Aussagen von Frau Wühst wollte sie als Katastrophenhelferin am Sommerpalais nach dem Rechten sehen und ertappte Sie beim Einbruch. Sie folgte Ihnen in das Gebäude, wurde von Ihnen angegriffen, aber schaffte es, Sie zu überwältigen. Das vermutlich gestohlene Geld und der Schlüssel wären Beweise genug für eine Anklage. Aber warum sollten Sie vor Ihrem Einbruch selbst die Polizei rufen?«

»Eben! Außerdem muss ja wohl erst mal was als gestohlen gemeldet werden, bevor es mir als Diebstahl angehängt werden kann.«

»Das mit dem Anruf war vielleicht versehentlich. Manchmal wählt so ein Handy, das in der Tasche bewegt wird, auch von selbst eine Nummer an. Ist alles schon vorgekommen.«

»Aber ich habe gewählt, nicht das Handy. Das war kein Zufall.«

»Wir haben uns in Ihrer Heimatstadt über Sie erkundigt«, wechselte Fischer das Thema und lehnte sich zurück. »Sie sind so abgebrannt, dass sie von Resten aus der Supermarkt-Mülltonne leben.«

»Das ist nicht wahr!«, rief Jennifer empört. »Ich hab nur einmal abgelaufene Lebensmittel an einer Rampe abgeholt und ausprobiert, um über das Thema Verfallsdatum zu schreiben.«

»Aber Sie sind pleite. Stimmt doch.«

»Vorübergehend nicht flüssig.«

»Menschen in finanziellen Notlagen werden zuweilen straffällig, wenn sie sich nicht anders zu helfen wissen.«

»Ich weiß mir sehr wohl zu helfen.«

»Indem Sie sich unentgeltlich als Fluthelferin aufreiben, statt einer Erwerbstätigkeit nachzugehen?«

»Zugegeben. Ich wollte nah ran ans Geschehen und das Thema journalistisch verwerten.«

»Und in Kulturdenkmäler einbrechen, die aufgrund der Stromabschaltung nicht alarmgesichert sind.«

»Genau das trifft auf Lydia Wühst zu!«

»Tut mir leid, die hat kein Motiv. Die Frau scheint finanziell abgesichert.«

»Und ob die ein Motiv hat! Der Tote spielt hier wohl plötzlich überhaupt keine Rolle mehr? Ich kann beweisen ... na ja, konnte beweisen ...« Jennifer schob das Tütchen mit dem zerstörten Chip von sich und seufzte.

»Ist es nicht so, dass Sie es schon mal versucht haben?«, fragte Fischer freundlich, beugte sich über den Tisch und lehnte sich ihr weit entgegen. »Der Tote, ein Tourist namens Stefan Krallock, ertappte Sie bei diesem ersten Versuch auf frischer Tat, und auch ihn griffen Sie sofort an. Wie gestern Frau Wühst.«

»Wer hat mich denn fast erwürgt!? Die ist brutal wie ein Wrestler. Stark genug, einen Mann umzubringen. Sie war es nämlich, die es schon mal versucht hat und ertappt wurde!«

»Und warum sollte eine nicht unvermögende Frau wie Lydia Wühst es überhaupt nötig haben zu stehlen?«

Jennifer kratzte sich an der Schläfe und wandte den Blick ab. »Weiß ich nicht. Zugegeben. Aber ich bin gestern auf eine erste Spur gestoßen. Wenn Sie mir mein Smartphone geben, nur für fünf Minuten ...«

»Erzählen Sie mir von der Spur.«

»Es ist nur eine Namensgleichheit. Mutmaßlich. Ich bräuchte mehr Informationen.«

»Sie brauchen einen Anwalt, Frau Steinberg.«

Jennifer schüttelte den Kopf und schaute ihm fest ins Gesicht. »Ich habe einen heißen Tipp für Sie. Gut möglich, dass ich Ihnen damit helfen kann, Lydia Wühst des Mordes an Stefan Krallock zu überführen. Und das Motiv finde ich vielleicht auf der Homepage der Thüringer Schlösserverwaltung. Haben wir einen Deal?«

»Ich mache keine Deals mit mutmaßlichen Schwerverbrechern. Aber wenn der heiße Tipp mich überzeugt, verlasse ich vielleicht mal ganz zufällig den Raum, während der PC läuft und ins Internet eingeloggt ist.«

»Und, was ist, hatte ich recht?«

Fischer hatte sie nicht zwei Stunden warten lassen, wie angekündigt, sondern den halben Tag. Sie wusste nicht, ob das gut oder schlecht war, aber sein Gesichtsausdruck verhieß nichts Positives.

»Zuerst Sie.«

Jennifer schnellte auf ihrem Drehstuhl herum, holte den Polizei-PC aus seinem Stand-by-Schlummer, rief einen endlos langen Pressetext mit winzigen Buchstaben auf und deutete zielgerichtet auf einen Namen im unteren Drittel: Bernhard Wühst. »Lesen Sie!«

»Ich will das jetzt nicht lesen. Die Kurzfassung bitte.«

»Es geht um einen DDR-Dissidenten, der von der Bundesrepublik freigekauft wurde. Sein Gesamtwerk musste er bei der Ausreise zurücklassen. Das meiste gilt als verschollen, aber drei seiner Karikaturen gehören zur Sommerpalais-Sammlung.«

»Na und?«

Jennifer, die erwartet hatte, sein Interesse so weit geweckt zu haben, dass er selbst weiterlesen würde, verdrehte die Augen und deutete einen Absatz tiefer. »Er siedelte sich in Würzburg an, konnte zwar nie mehr an seine künstlerischen Erfolge anknüpfen, aber gelangte als Musterzeichner zu immerhin bescheidenem Wohlstand. Nach seinem Tod und nach der Wende klagte seine Tochter auf Herausgabe der einzigen drei verbliebenen Karikaturen. Vergeblich.«

»Lydia Wühst?«

»Ein Vorname steht da nicht, aber wer sonst? Würzburg. Wühst. Einbruch ins Sommerpalais.«

»Und was sollen die 2.000 Euro?«

»Sie wollte eben vor sich selbst nicht als Diebin dastehen. Vielleicht ging es ihr auch nur darum, ein Exempel zu statuieren. Immerhin ist ihrem Vater und ihr Unrecht geschehen. Und das auch noch doppelt. Erst die Enteignung der DDR, dann die Nichtrückgabe durch die BRD, die einer zweiten Enteignung gleichkam.«

»Aber warum der Mord?«

»Panik, schätze ich. Mit einem Touristen, der auf der Bank sitzt, auf die Flut wartet und ihr damit indirekt auflauert, hatte sie eben nicht gerechnet. Vielleicht wollte er auch den Sheriff spielen. Was weiß ich. Fragen Sie sie doch selbst.«

»Das werde ich.« Fischers Miene hellte sich auf. Erstmals sah Jennifer so was wie ein angedeutetes Lächeln unter dem Bürstenschnitt.

»Also hatte ich recht?«

»Die kahle Stelle über ihrem Ohr ist jedenfalls kein Friseurunfall. Und wir haben ein Haar in der Faust der Leiche gefunden, das von ihr sein könnte. Morgen wissen wir mehr.«

»Soll ich so lange etwa noch schmoren?«

Fischer schüttelte den Kopf.

»Wenn Sie gehen wollen, dürfen Sie das. Aber vielleicht möchten Sie es ja gar nicht. Zumindest nicht sofort …«

»Du wolltest mich sprechen?«

Jennifer nahm auf ein Nicken und Handzeichen Lydias hin auf dem Besucherstuhl Platz und schaute nach einem flüchtigen Blick auf ihr unangemessen strahlendes Lächeln zur Seite. Sie hätte nicht gedacht, dass sie sich in ihrer Gegenwart derart unwohl fühlen würde, und sie ahnte, das hatte nicht allein mit dem Kampf zu tun und damit, dass Todesangst die Emotion war, die sie seit ihrer letzten Begegnung mit Lydias Gesicht verband, sondern mit einer Ahnung dessen, was sie gleich erfahren würde.

»Tut mir leid für das da«, sagte Lydia freundlich und deutete auf die noch immer deutlich sichtbaren Würgemale an Jennifers Hals. »Aber ich werde dich für alles entschädigen. Bist du bereit für die ziemlich unangenehme Wahrheit?«

»Ich hab schon selbst alles rausgefunden«, antwortete Jennifer trotzig.

»Alles bis auf den Vorsatz.«

»Keine Ahnung, was du meinst.«

»Ich hätte mir die Zeichnungen schon beim ersten Einbruch holen können. Und der Mann hätte nicht sterben müssen. Ich hätte davonkommen können. Aber zufällig hatte ich vor meiner Aktion eine Sensationsreporterin namens Jennifer Steinberg kennengelernt, die so pleite war, dass sie für ihren Job über Leichen gehen würde. Also änderte ich meine Pläne, schusterte ihr eben mal den

Auftrag zu, den überschwemmten Gartensaal zu fotografieren, auf dass sie gleich nebenan eine Leiche fände.«

»Das ist doch Blödsinn!«

»Finde es raus, Schätzchen. Ich bin eine Märtyrerin. Vielleicht bin ich auch ein bisschen irre. Aber mein Fall wird in die Welt hinausgehen. Und weißt du auch, wieso? Weil der arme Kerl aus dem Park wegen dir sterben musste.«

Jennifer machte eine Geste der Ratlosigkeit und schüttelte den Kopf. »Ich weiß wirklich nicht, was du meinst.«

»Glaubst du, ich hätte die Kamera nicht verschwinden lassen können? Oder den Chip? Oder die Bilder, auf denen ich zu erkennen war? Musste die Hand des Toten unbedingt aus dem Wasser schauen? Nein! Aber ich wollte dich. Und jetzt hab ich dich.«

»Du hast mich nicht!«

»Wetten, dass doch? Entweder schreibst du meine Geschichte, und zwar exklusiv und genauso, wie ich es will. Oder andere schreiben sie, und du kommst dabei ganz schlecht rüber. Mir egal, denn mein Fall und der meines Vaters bekommt immer die gewünschte Publicity.«

»Und dafür gehst du dann ins Gefängnis? Wie alt bist du? Knapp 30? Leben versaut. Für drei Karikaturen, die weder zeichnerisch gut noch besonders witzig sind.«

»Sind sie wirklich nicht. Ich pfeif drauf. Aber ich will, dass alles ans Licht kommt, was auch in diesem Staat einfach scheiße abläuft. DDR, BRD, alles der gleiche Mist. Und ich hab übrigens einen inoperablen Gehirntumor. Meine Zurechnungsfähigkeit kann auf Tage begrenzt sein, und meine Lebenserwartung liegt in etwa bei der mutmaßlichen Prozessdauer. Das ist die Story hinter allem. Und was nun, Frau Reporterin?«

Jennifer lächelte bitter und nickte langsam und begreifend.

»Tu nur nicht so, als hättest du das gewusst!«

»Nein, ich hätte auf einen Schlaganfall getippt.«

»Auf einen – was?! Wieso …?«

»Dein Verfall hat längst begonnen, du merkst es nur nicht. Deine Fähigkeit, Wörter zu bilden, lässt immer mehr nach. Das war schon an den Sandsäcken so, aber inzwischen bist du kaum noch zu verstehen. Und deine ganzen Taten sind von vorne bis hinten so verrückt, allen voran dieser Kamikaze-Sprung von der Treppe, der uns beinahe beide umgebracht hätte. Ohne den Tumor wäre das sicher alles nicht passiert. Tut mir leid für den Toten, aber vor allem auch für dich selbst.«

»Was behauptest du da? Ich spreche doch völlig normal! Alles war geplant. Noch hab ich meine Sinne beisammen!« Lydia hatte sich an den Rand eines Nervenzusammenbruches geredet. Entsetzt sackte sie auf dem Stuhl nach vorn, als Jennifer ein Diktiergerät aus der Brusttasche ihrer Jacke zog und ein Stückchen zurückspulte.

»Has hehautet u a? I ede o öllig ornal. Hahalles plant. Nok ii hap Inne beiamme!"

Als die Bandaufnahme endete, rief Lydia: »Ass achs u! Rrick, ei Rrick!"

Jennifer schüttelte mitfühlend den Kopf und steckte ihr Diktiergerät wieder ein. »Ich lass dir sofort einen Arzt schicken. Und ich werde über dich schreiben, aber ehrlich und fair. So, dass du zufrieden wärst. Du bist gestraft genug.« Sie stand auf und ließ sich von dem uniformierten Beamten, der neben dem Ausgang gewartet hatte, die Tür öffnen.

»E-iff-er!« Lydia zog etwas aus ihrer hinteren Hosentasche und schob es Jennifer hin.

»Imm. Ür ein A-ikel.« Sie tippte sich an die Stirn, als wolle sie sagen: Ich bin schon noch ganz klar hier oben. Und das, was ich dir hier gebe, ist der Hammer!

Jennifer klappte ein zweimal gefaltetes Din-A4-Blatt auseinander.

Es war leer.

103 Greizer Park: Aus einer kleinen Küchengarten-
anlage der Obergreizer Herrschaft entstand 1650
der Greizer Park. Nach einer Erweiterung zum
höfischen Lustgarten im 18. Jahrhundert zerstörten 100 Jahre später schwere Hochwasser sämtliche Wege und Anpflanzungen. Als Naturpark
im englischen Stil entstand die Anlage daraufhin
neu. Heute umfasst der Greizer Park eine Fläche
von rund 60 Hektar und besticht durch seinen See
und manch markanten Aussichtspunkt. Die Über-
flutung im Juni 2013 verursachte immense Schä-
den, aber längst haben sich die Verantwortlichen
ans Werk gemacht, den Park in alter Schönheit neu
erstehen zu lassen.

104 Sommerpalais Greiz: In dem früh-klassizistischen
Palais von 1769, einst Sommerresidenz des Hauses
Reuß Ältere Linie, ist die Staatliche Bücher- und
Kupferstichsammlung Greiz untergebracht. Beher-
bergt werden rund 1.000 druckgrafische Blätter in
Schabkunsttechnik, mehrere tausend Landkarten,
Schlachtpläne und Atlanten, Karikaturen aus dem
18. und 19. Jahrhundert wie auch das »Satiricum«,
eine zeitgenössische Karikaturensammlung.

105 Küchenhaus am Sommerpalais Greiz: Zur Ent-
stehungszeit war es möglicherweise ein Lusthaus,
aber inzwischen passt der Name: Im Küchenhaus
des Sommerpalais Greiz ist ein Café untergebracht.

Inmitten des wunderschönen Greizer Parks und direkt an der Weißen Elster kann man hier nach einem Rundgang verweilen und die paradiesische Atmosphäre genießen.

106 Elsterberg: Die mit 1,5 Hektar größte Burgruine in Sachsen ist im Städtchen Elsterberg bei Greiz zu finden. Noch heute beeindrucken die wuchtigen Türme und steilen Mauern wie auch die schiere Weitläufigkeit der Anlage. Die Burgruine ist jederzeit frei zugänglich. In einem der Rundtürme ist eine Heimatstube untergebracht.

107 Historische Innenstadt Greiz: Den Beinamen »Perle des Vogtlandes« trägt die ostthüringische Stadt Greiz mehr als zu Recht. Allerorten stößt man auf Spuren aus der Zeit als Residenzstadt des Fürstentums Reuß Ältere Linie. Neben den ehemaligen Regierungsgebäuden, dem Rathaus und den Museen sind vor allem die zahlreichen Wohngebäude im historischen Stil und im Jugendstil sehenswert. Die Kreativität der Greizer zeigt sich unter anderem in den vielzähligen, teils beeindruckend gewaltigen Wandgemälden.

108 und **109**
Oberes und Unteres Schloss Greiz: In fast allen Schlössern stecken Burgen, nur sind sie meist kaum noch zu erkennen. Auch das Obere Schloss Greiz hat seine Ursprungsburg fast ganz verschlungen. Zu sehen wäre gar nichts mehr – hätte man nicht

Teile der Erstbebauung regelrecht herauspräpariert. Highlight dieser Arbeit ist die mittelalterliche Kemenate, die als Teil des Museums im Oberen Schloss heute wieder in ihrer ganzen Schönheit zu bewundern ist. Herausragend gelungen ist aber nicht allein die Renovierung selbst, sondern vor allem die Aufarbeitung der musealen Inhalte. Das noch sehr neue Museum ist ein Wunderwerk der Anschaulichkeit. Ausprobieren und Mitmachen ergänzen hier Zeigen und Erklären und machen die lichtdurchfluteten Räume zu historischen Kreativwerkstätten gerade für die jungen Besucher. Verglichen mit der Erlebniswelt des Museums im Oberen Schloss beherbergt das Untere Schloss nur ein Museum, wenn auch ein wunderschönes. Hier kann man die Wohnräume der letzten Greizer Prinzessinnen erkunden, das Stadtmodell bestaunen und durch diverse Ausstellungen flanieren.

110 Stadtkirche St. Marien: Der Prunksarg Heinrichs VI. und ein Kanzelaltar mit reicher klassizistischer Ausstattung gehören zu den Besonderheiten der Greizer Stadtkirche St. Marien. Schon 1225 wurde an gleicher Stelle eine Chorturmkirche erstmals urkundlich belegt. Die heutige Stadtkirche diente seit ihrer Erbauung nicht nur als Gotteshaus, sondern als Repräsentationsgebäude und Veranstaltungsort.

111 Hauptwache: Von 1819 bis 1866 versah das Militär von Reuß-Greiz vor der Alten Wache oder Hauptwache, gelegen gegenüber vom Unteren Schloss, seinen Dienst. Bis zum Ersten Weltkrieg übernahm dann ein Kommando des Geraer Infanterieregiments 96 den Wachdienst. Ziel als romantischer Schauplatz für Trauungen.

112 Weißes Kreuz: Das »Sophienkreuz« oder »Weiße Kreuz« ließ Fürst Heinrich XX. Reuß Ältere Linie 1838 auf dem 375 Meter hohen Hirschstein zum Gedenken an seine im Alter von 29 Jahren verstorbene Gemahlin Prinzessin Sophie von Löwenstein-Wertheim errichten. Wer den Aufstieg wagt, wird mit einem grandiosen Ausblick auf die Stadt Greiz belohnt.

113 Pulverturm: Erinnert von der Form her an einen Bergfried, wurde aber erst 1841 zur Auslagerung von Schießpulver erbaut: der Greizer Pulverturm auf dem Roth-Berg. Schon 25 Jahre später verlor der zwölf Meter hohe Zweckbau seine Funktion und verfiel. Seit der Pulverturm 1981 restauriert wurde, ist er ein beliebtes Ausflugsziel.

114 Gasparinentempel: Ein gern besuchter Aussichtspunkt mit Blick auf die Stadt Greiz ist der Gasparinentempel. Seit 1822 gehört der anlässlich einer fürstlichen Vermählung erbaute klassizistische Säulentempel zu den Greizer Sehenswürdigkeiten.

PLAUENER SPITZEL

CHRISTOPH KRUMBIEGEL

Der kalte Krieg dauerte länger, als die meisten offen geführten Auseinandersetzungen dieser Erde. Es war ein perfider Kampf, aus dem niemals ein klarer Sieger hervorzugehen vermochte. Die Soldaten hießen Agenten, ihre Bomben bestanden aus Lügen, Erpressung und Desinformation, als Geschütz diente die Propaganda und ihr Gas war die Angst. Über zwei Millionen Menschen waren ein Teil dieser dunklen Epoche, ein Rädchen im Werk der Supermächte, manche freiwillig, andere weil man sie zwang. Alle, die ihn überleben durften, halten ihn schon lange für einen Teil der Geschichte, doch dieser Krieg sucht sich noch immer seine Opfer.

Es ist ein fades Klischee, dass jeder Journalist von dieser einen großen Story träumt, von seinem Watergate, vom seinem Elchtest oder – noch immer – von der Entdeckung der Hitler-Tagebücher. Jeder realistisch denkende Reporter weiß, dass hier wohl mehr Glück dazugehört, als Gott dafür insgesamt vorgesehen hat, aber Sven Goldstaub war das egal. Schon als Berichterstatter für die ABC-Zeitung hatte er vom großen Coup geträumt, vom Aufdecken eines Altpapier-Schwindels oder einem Skandal um die Timur-Helfer in der Bahnhofsvorstadt von Plauen. Er glaubte mit unerschütterlicher Sicherheit an dieses Schicksal, an das Öffnen einer geheimen Türe oder den

Anruf eines Kronzeugen. Am 6. April um 14:43 Uhr war dieser eine Moment im Leben von Sven offensichtlich gekommen. Die Dame, die er während der Feierstunde anlässlich des 20-jährigen Bestehens des Heimes »Am Schwanensee« geraume Zeit beim Zittern und Kuchen essen beobachtet hatte, richtete plötzlich und unvermittelt einen überraschend klaren Blick auf ihn. Sie deutete mit einem Kopfnicken auf die Tür zum Snoezelraum neben der Cafeteria und es schien Sven eine Selbstverständlichkeit, der Frau mit dem Gehbänkchen derart willig zu folgen, als ging es um einen Quickie. So gebrechlich sie auf dem kurzen Weg gewirkt hatte, so behände schloss sie hinter ihnen beiden die schwere Tür und verkeilte blitzschnell ihre Gehhilfe als Blockade unter der Klinke. Ihren linken Zeigefinger als Zeichen über die Lippen legend, zauberte sie eine handliche Spraydose aus einer verborgenen Tasche in ihrem Schürzenkleid und sprühte einen grellroten Schaum auf eine diskret platzierte Überwachungskamera an der Zimmerdecke und in das Panel der Notrufanlage neben dem Eingang. Dann zog sie dem von der Faszination des Augenblickes gelähmten Sven das Diktiergerät aus der linken Jackentasche und versenkte es in einer Gießkanne auf der Fensterbank.

»Wir haben drei Minuten, bis der automatische Notruf ausgelöst werden würde. Hören Sie einfach zu, Goldstaub. Wir beobachten Sie seit einigen Monaten. Sie hätten das Zeug zum ordentlichen Journalisten, wenn man Sie nicht in Stadtratssitzungen und auf den Kleintierzüchterschauen verheizen würde. Wir wissen, dass Sie gewisse Ambitionen hegen. Seien Sie klug und ziehen Sie die richtigen Schlüsse, dann wird Sie diese Sache sicher noch weiter bringen, als ins Frühstücksfernsehen. Haben Sie das verstanden, Goldstaub?« Die Dame schloss den Mund zu einem schmalen Strich und sah Sven auffordernd an, bis dieser übereifrig zu nicken begann.

»Finden sich morgen ab 13 Uhr an der Skulptur der ›Neideiteln‹ **115** ein. Tragen Sie einen schwarz-gelben Tagesrucksack und lassen Sie die rechte Seitentasche offen. Sollten Sie planen, zur falschen Zeit oder gar nicht in Erscheinung zu treten, dann möchte ich Sie dezent darauf hinweisen, dass wir wissen, wie sehr Sie an Ihrem Collie hängen und mit welchem illegalen Trick Sie Ihre Mietnebenkosten zu senken pflegen. In 20 Sekunden lösen wir in diesem Gebäude den Feueralarm und die Sprinkleranlage aus, ich selbst werde einen Oberschenkelhalsbruch simulieren und in den Gang stürzen. Verlassen Sie das Haus ohne Verzögerung und so unauffällig wie möglich. Guten Tag, Herr Goldstaub.«

Sven öffnete den Mund, um etwas zu fragen, schloss ihn jedoch wenig später tonlos, schaute kurz beiseite, öffnete die Lippen abermals wie in Zeitlupe und starrte die Dame mit einem ungläubigen Staunen an. Dann brach der Alarm aus.

Am folgenden Tag hetzte Sven über die Alte Elsterbrücke am Stadtstrand **116** in Richtung Innenstadt. Die Beschaffung des geforderten Rucksackes hatte ihn zeitlich zurückgeworfen. Schwarz-Gelb schien irgendwie aus der Mode gekommen. An der Skulptur der ›Neideiteln‹ angelangt, war er sich über sein weiteres Vorgehen nicht ganz schlüssig. Es war ein verhangener Mittag, die

Fußgänger trugen grelle Jacken mit noch grelleren Einstickungen von Tatzen oder ausgestorbenem Getier. Die Rathausuhr schlug zur vollen Stunde. Sven positionierte sich wie ein Tourist vor der ›Neideiteln‹ und musterte deren strenges Gesicht. Ohne Zweifel sollte etwas in seinem Rucksack deponiert werden, deshalb der offene Reißverschluss an der rechten Außentasche. Unwillkürlich nach ihm tastend, kontrollierte er den Rucksack und spürte dann das Blut in seine Schläfen schießen. Die Tasche war bereits geschlossen worden und Sven erahnte unter dem raschelnden Stoff einen flachen rechteckigen Gegenstand. Er atmete hastig ein und fuhr herum wie ein Ninja. Aber er fand sich vollkommen allein – beinahe extrem auffällig allein. In diesem Moment ertönte aus dem Rucksack der ›Trepak‹ aus der Nussknacker Suite.

Die Kurznachricht präsentierte sich in geradezu erfrischender Strenge. ›Begeben Sie sich zum Altmarkt, Goldstaub. Nähern Sie sich dem Platz von Südwesten, überqueren und verlassen Sie ihn in Richtung Norden, bis Sie die Einmündung der Rathausstraße erreicht haben. Erregen Sie kein Aufsehen, lassen Sie sich von niemandem ansprechen und vermeiden Sie das Betreten der Fugen zwischen den Pflastersteinen, letzteres unter allen Umständen, das hat oberste Priorität. Bleiben Sie unter zehn Minuten. Ihre Zeit läuft bereits seit dem Öffnen des Rucksackes.‹ Sven Goldstaub hastete los, noch immer auf das Display des Handys starrend, das er soeben aus seinem Rucksack gefischt hatte. In den nächsten Sekunden plante er seine Route über die Johanniskirche 117 und den Topfmarkt. Hier konnte er aufgrund einer mittäglichen Entvölkerung Boden gutmachen. Sobald er aber aus dem Schatten der Häuser im Brauhausgässchen auf den Altmarkt **118** getreten war, erschloss sich Sven der tatsächliche Schwierigkeitsgrad des Geforderten. Wie ein hyperaktiver Flamingo hangelte er sich auf den Fußspitzen über das Pflaster, um keine der Fugen zu berühren. Vor der Treppe zum Rathaus stellte sich ein sommersprossiger Junge mit einem Eis in seine Bahn und musterte ihn neugierig. Der Knabe fragte schließlich, ob Sven vielleicht ein »Schwuli« sei, was dieser zischend verneinte und dem Kind mit zusammengepressten Lippen noch einige Variationen schmerzhafter Verstümmelungen anbot, nachdem er sich vergewissert hatte, dass sich dessen Eltern außer Hörweite befanden. Für den Endspurt in der Herrenstraße fanden sich erfreulicherweise breite Gehwegplatten. Sven nahm sie mit leicht hüpfenden Schritten und erreichte, leise keuchend, den Durchgang zum Innenhof des Rathauses. Drei Sekunden später meldete das Smartphone eine neue Nachricht.

›Die Zeit war passabel, Goldstaub, aber das Mätzchen mit dem Jungen war indiskutabel. Seine Eltern sehen Ihnen noch immer hinterher. Verlassen Sie diesen Platz, ehe Sie noch mehr Aufmerksamkeit erregen. Ihr nächstes Ziel ist die Nobelstraße. Beziehen Sie dort Position und tragen Sie unter den Notizen auf diesem Gerät alle Details und Vorkommnisse ein, die Ihnen auffallen, auch wenn sie Ihnen absolut belanglos erscheinen sollten. Sie erhalten dann weitere Anweisungen.‹ Diese zweite Nachricht beinhaltete keine Zeitvorgabe, aber Sven hielt es dennoch für eine gute Idee, beim Befolgen der Anweisungen eine gewisse Zeitökonomie zu demonstrieren. Seitdem sich einen Tag zuvor die alte Dame nach dem

Auslösen des Feueralarms an ihm vorbei auf den Gang geworfen und dabei den Bruch Ihres Oberschenkels nicht nur simuliert, sondern diesen – wahrscheinlich leicht übermotiviert – tatsächlich knochenhart durchgezogen hatte, seitdem wusste Sven, dass man auf der anderen Seite wenig Spaß verstand. Er vermochte keinerlei Erinnerung an die Rückkehr aus dem Seniorenheim abzurufen und war am frühen Morgen mitten im Korridor seiner Wohnung erwacht, in der linken Hand eine Brühpolnische, in der rechten den Schwanz seines Collies. Alles in allem fühlte er sich ein wenig unbehaglich. Das Ganze kam ihm vor wie eine sehr gefährliche Schnitzeljagd, eine, bei der er vielleicht sogar selbst als Schnitzel enden könnte.

Nach zweieinhalb Stunden in der Nobelstraße hatten Svens Finger dünne Stellen vom Tippen auf dem kleinen Bildschirm. Unablässig war das kleine Gerät von ihm mit einer Flut von Fakten gefüttert worden. Gegen Ende der ersten Stunde hatte ihn eine kleine trotzige Unlust überkommen und die Frequenz seiner Aufzeichnungen etwas abfallen lassen, aber dann war ihm umgehend und kommentarlos ein wenige Tage altes Bild seines Hundes übermittelt worden, was seinen Eifer sehr wirkungsvoll aufs Neue zu entfachen vermochte. Alles fand Erwähnung: die Anzahl und offensichtliche Nutzung der anliegenden Gebäude, die Einpflanzungen vor den Häusern, die wechselnden Richtungen des Kopfsteinpflasters, der Anteil der Rentner unter den Fußgängern, der Anteil der Oberfranken und der Anteil der Oberfranken unter den Rentnern, 16 verschiedene Gerüche – elf davon unangenehm, der dunklere linke

Torbogen am Erich-Ohser-Haus 119, eine zwielichtige Gestalt, die offensichtlich Drogen konsumiert hatte, eine weitere zwielichtige Gestalt, die vermutlich Drogen anbot, vier Damen mit Instrumentenkoffern und ein Känguru, das der Werbung für einen Zirkus diente. Seine Augen flimmerten bereits vom ständigen Starren auf das Display und sein Blutzucker feierte immer neue Tiefststände, als er endlich eine weitere Nachricht entgegennehmen durfte.

›Wir brechen hier ab, Goldstaub. Bis jetzt haben Sie lediglich Tests durchlaufen. Es war notwendig, herauszufinden, ob Sie den Mindestanforderungen dessen, was auf Sie zukommen wird, gewachsen sein werden. Wir möchten Sie nicht beunruhigen, aber für Ihre Resultate bei Herztraining und Orthografie haben unsere Bewertungstabellen im unteren Bereich zu früh geendet. Sie vertragen vermutlich keine Fruktose, sind umerzogener Linkshänder und kontrollierter Trinker, ferner zeigen Sie leicht fremdenfeindliche Tendenzen – allerdings nicht über dem für Ihren Bildungsstand zu erwartenden Maß – und Ihre linke Schulter ist mürbe wie ein Biskuit. Knapp die Hälfte unserer Gruppe befürchtet Ihr Scheitern, also enttäuschen Sie den Rest nicht und zeigen Sie uns, was in Ihnen steckt. Sonst zeigen wir es Ihnen … Fahren Sie zum Stadtpark 120 und halten Sie sich während der kommenden zwei Stunden in der Nähe der Krokodil-Skulptur auf. Wenn Sie alles richtig machen, dann betreten Sie jetzt die Bühne Ihres neuen Lebens. Aber geben Sie Acht, wohin Sie Ihre Füße setzen. Viel Glück, Goldstaub.‹ Noch lesend schleppte sich Sven zum nächstbesten Imbiss und bestellte einen Langosch, den er ohne jegliche Kaubewegung in sich einsaugte. Dann orderte er eine zweite Portion zum Mitnehmen und tastete sich nach den Wagenschlüsseln ab.

Im Stadtpark hatte die Hundestunde geschlagen. In variantenreichen Kombinationen schnüffelten sich Menschen und Vierbeiner die Wege entlang. Sven hatte sich auf einer Bank abseits des Krokodiles gierig den zweiten Langosch reingezogen und versuchte anschließend mit verschiedenen Hilfsmitteln, seine Hände vom Frittierfett zu befreien. Kurzzeitig unterstützte ihn sogar ein sehr hilfsbereiter Dobermann mit der Zunge, bis es dessen feenhafter Besitzerin gelang, wenigstens den Kopf der Kreatur einige Zentimeter von Sven wegzuziehen. Sie lächelte trotz der übermenschlichen Anstrengung tapfer, dabei kam Sven der leise Verdacht, dass sie den Ergebnissen der letzten Verhaltensprüfung wohl selbst nicht ganz traute. Er folgte ihr und ihren redlichen Bemühungen, das Tier ansatzweise kontrolliert zu führen, noch eine Weile mit den Augen. Als er den Kopf wieder nach vorn richtete, blickte er direkt in den Schritt einer leicht abgetragenen Anzughose. Im nächsten Moment ließ der Besitzer der Anzughose einen schweren braunen Umschlag auf Svens Beine fallen. Dann hörte er ein Spray. Ohne Erinnerung erwachte er am nächsten Morgen abermals mitten im Korridor der Wohnung. Von der Brühpolnischen in der linken Hand war diesmal ein großes Stück abgebissen worden, der Collie schaute jedoch unbeteiligt zur Seite. Auf Svens Bauch schaukelte der braune Umschlag. Die Rätsel wurden zahlreicher.

207 Seiten Material bedeckten alle horizontalen Flächen im Wohnzimmer des Journalisten. Gegen Mittag hatte sich Sven bereits eine erste Systematik erarbeitet. Es handelte sich ausnahmslos um Scans oder Kopien, nirgends waren Herkunftsnachweise aufgebracht oder erkennbar. Im Gegenteil, Aktenzeichen, Stempel und Kopfzeilen von Faxen hatte man geschwärzt oder vor dem Kopieren abgeschnitten. Dennoch oder gerade deshalb machten die Dokumente einen authentischen ersten Eindruck. Auf dem Teppich vor dem Fenster hatte Sven alle Zeitungsausschnitte abgelegt, auf Sofa und Zweisitzer alle Scans und Kopien von behördlichen Dokumenten, auf dem Esstisch die Fotografien und auf dem Hocker einen kleineren Stapel von Blättern, die eher zufällig in den Umschlag geraten schienen. Alles in allem zählte Sven auf den Fotos und Zeitungsausschnitten knapp vier Dutzend Leichen. Je nach Temperament der jeweiligen Zeitung fanden sich hin und wieder noch Spekulationen über tragische Unglücksfälle oder andere Hintergründe. Der überwiegende Teil der Artikel und sämtliche behördlichen Schriften ließen jedoch keinen Zweifel daran, dass es sich hier in der Regel um heimtückische, teilweise außergewöhnlich kaltblütig ausgeführte Tötungsdelikte handelte. Die zeitliche Einordung der Dokumente umspannte einen weiten Bereich, etwa vom Anfang der 60er- bis Ende der 80er-Jahre mit einer relativen Häufung zwischen 1965 und 1975. Daneben gab es einen kleinen Teil des zugespielten Materials, vornehmlich Presseberichte, der sich mit Vorkommnissen ab 2007 beschäftigte. Es schienen aber – abgesehen davon, dass alles gemeinsam in einem braunen Umschlag gesteckt hatte – keiner-

lei Gemeinsamkeiten, Parallelen oder Muster ersichtlich. Die Taten erstreckten sich in der Zeit zwischen Mauerbau und Mauerfall über das gesamte Westdeutschland, innerhalb Ostdeutschlands jedoch nur über den Südwesten der DDR. Hinsichtlich der Tatwaffen und Ausführungen gestalteten sich die Delikte recht abwechslungsreich, auch wenn eine leichte Vorliebe für Stichwaffen und stumpfe Gewalt nicht von der Hand zu weisen war. In sechs Fällen fanden sich gleich mehrere Opfer, dann meist in einem gemeinsamen Raum oder einer in sich geschlossen Gruppe. Polizeiliche und ähnlich behördliche Akten waren Tatortbeschreibungen oder Zeugenaussagen. Aber kein einziges Papier in diesem Wohnzimmer, nicht einmal der kleinste Schnipsel oder irgendeine Randnotiz zeugten von einer Ermittlung oder gar von der Verurteilung eines Täters. Vor Svens Augen lagen 43 Leichen aus fünf Jahrzehnten. Aber es wollte wieder einmal keine Sau gewesen sein.

Sven war gegen Abend am Tisch über den Unterlagen eingedöst und schreckte hoch, als die Nussknacker-Suite das Handy auf der Tischplatte kurz tanzen ließ. Er löste vorsichtig ein unappetitliches Foto, das an seiner Stirn festgeklebt war, und inspizierte noch etwas schlaftrunken das Display. ›22:30 Uhr, Elstertalbrücke. Warten Sie auf dem Fußgänger-Übergang direkt in der Mitte zwischen den Hauptpfeilern. Und essen Sie vorher noch etwas, Goldstaub, nicht dass Sie von der Brücke fallen …‹ Einen Augenblick später erhielt er noch einen Nachtrag. ›Lassen Sie den Hund zu Hause.‹ Er ließ den Kopf wieder auf die Tischplatte knallen. Es war ja noch Zeit.

Kurz nach zehn Uhr abends hatte Sven den Wagen auf dem Bahnhofsparkplatz in Jocketa abgestellt und machte sich auf den Weg hinunter zur Elstertalbrücke **121**. Die Straße führte an matt erleuchteten Villen vorbei zum Tal und vom Ende der Straße floss ihm dünner Nebel entgegen. Er kannte diese Gegend sehr genau, hatte sie allerdings noch niemals in diesem Licht erlebt. Der Mond war nicht voll, aber stark und der Asphalt wirkte wie ausgeblichen. Auf dem anschließenden Fußweg zur Brücke war es wiederum so dunkel, dass er um ein Haar mehrmals über die Kanten der Stufen gestolpert wäre. Er erreichte die vorgegebene Stelle gut zehn Minuten zu früh. Hin und wieder schwappte der Nebel in Wogen über den mittleren Absatz der Brücke und atmete Sven kalt ins Gesicht. Er lehnte sich auf das Geländer und versuchte, abwechselnd das linke und rechte Ende des Überganges mit den Augen abzusuchen, um sich in dieser Situation wenigstens ein Minimum an Souveränität zu sichern. Als ihn nach einigen Minuten ein lautes Räuspern direkt hinter ihm unsanft aufschreckte, hatte sich das Minimum an Souveränität schnell erledigt. Sven drehte sich fahrig um, blickte jedoch in ein dunstiges Nichts. Erst nach einigen Augenblicken entdeckte er den Hauch eines gleichmäßigen Atems vor einem Torbogen mitten auf der Brücke. Die Innenwände aus Backstein flackerten kurz auf, dann erschien die Glut einer Zigarette in der ansonsten tiefschwarzen Nische. »Sie sollten Fragen haben, Goldstaub. Wir haben nicht allzu viel Zeit.«

Im ersten Moment glaubte Sven, die Stimme sei durch einen Verzerrer unkenntlich gemacht. Aber diesem rostigen Unterton fehlte ein technisches Scheppern. Wahrscheinlich hatte sein Gegenüber nur jahrelang die falschen Bonbons gelutscht oder gurgelte jeden Morgen mit einem Schluck Klarspüler. »Ich verstehe den Zusammenhang nicht. Ich sehe die einzelnen Ereignisse, aber ich sehe kein bindendes Glied.«

Die Stimme im Torbogen hustete kreischend. »Was ist Ihnen aufgefallen? Was stach heraus? Was war das?«, fragte sie ungeduldig.

Svens Gedanken überschlugen sich. »Ein Teil der Unterlagen war falsch oder zu viel. Der Umschlag erschien schlampig gepackt, es waren Bildern von Spitzendeckchen darin, Lochstreifen und Tabellen mit ungewöhnlichen geometrischen Figuren.«

Aus der Nische grunzte es böse. »Es war mitnichten schlampig gepackt! Sie sind …« Die Stimme erstarb. Sven hörte ein Spray und machte sich innerlich für die nächste Brühpolnische bereit, aber das Aerosol wurde wohl eher im Dunkel des Torbogens benötigt. Nach einer Weile schienen die Atemwolken seines Gegenübers wieder etwas größer. »Suchen Sie genau da weiter, verdammt. Es liegt alles auf Ihrem Tisch! Suchen Sie, wo niemand suchen würde. Viel Glück, Goldstaub.« Die Verabschiedung hallte noch ein wenig nach und dann hörte Sven schlurfende Schritte, die in der Tiefe des Torbogens leiser wurden. Von beiden Seiten der Brücke kamen in gemächlichem Tempo zwei breitschultrige Gestalten auf ihn zu. In der Ferne rülpste ein Fuchs.

Der Anmarsch der zwei freundlichen Herren auf der Brücke war seine letzte Erinnerung, als Sven anderntags auf dem Rücken liegend in seinem Korridor erwachte.

Offenbar variierte der betreffende Metzger über die Woche sein Angebot, denn an diesem Morgen fanden sich in beiden Händen kleine Bündel aus Rauchpeitschen. Vielleicht folgte die Wurstwahl auch einer besonderen Dramaturgie. Gut, dass sie sich die Blutwurst noch aufgespart hatten, dachte Sven, während er ins Bad trottete. Nach einem angemessen starken Kaffee nahm er sich den Stapel der vermeintlich falsch beigelegten Dokumente vor und unterzog dann besonders das Bildmaterial nochmals einer sorgfältigen Analyse. Zahlreiche Fotos und Artikel enthielten dünne farbige Markierungen, denen er am Vortag eine unbedeutende Rolle zugeordnet hatte. Häufig war überhaupt erst mit der Lupe erkennbar, auf welche seltsamen Details an den Tatorten die Umrandungen hinweisen sollten. In den gekennzeichneten Bereichen sah man Ecken von Tischdecken, Ausschnitte von Gardinensäumen oder Schürzenkleidern, allesamt zumindest teilweise aus Klöppelspitze. Für die Analyse der Lochstreifen fehlte Sven der Code, auf jeden Fall lag kein einfaches oder modifiziertes Morsealphabet vor. Die drei Tabellen mit geometrischen Figuren, die er für Ablichtungen aus einem Mathematikbuch gehalten hatte, konnten ebenfalls Teil einer speziellen geheimen Kommunikation sein. Links fand sich jeweils ein flächiger Körper, etwa ein Rhombus mit vier Kreisen im Inneren, in den Spalten rechts davon waren Beschreibungen abgedruckt, wie zum Beispiel: ›R-S, Raum säubern‹ oder ›D-N, Den nächsten‹. Auf einem der Fotos mit Nahaufnahmen einzelner Deckchen konnte man noch den Rahmen einer Schauvitrine erkennen. Da überkam Sven zum ersten Mal in dieser Geschichte die warme

Vibration der Vorahnung. Er steckte die Abbildungen der Klöppelspitzen in seine Jacke und googelte nach den Öffnungszeiten des Spitzenmuseums **122** von Plauen.

Mit ausladenden Schritten überquerte Sven den Markt in Richtung Rathaus, mit voller Absicht auf jedwede Fuge tretend, die sich ihm anbot. In den ersten Räumen der Ausstellung hielt er sich nur kurz auf, die Abschnitte auf den Fotos sahen für eine Handarbeit viel zu gleichmäßig aus. Er suchte Stücke, die den Abbildungen so ähnlich wie möglich waren, im Idealfall die Vitrine aus dem Foto selbst. Nach einer halben Stunde hatte er eine Menge über Aufstieg, Fall und Auferstehung der Spitzenindustrie um Plauen gelernt, über Häkel-, Tüll- und Ätzspitze, doch über die offensichtlich mögliche finale Gesundheitsgefährdung durch Spitzenprodukte ließ sich noch nichts erfahren. Eine Mitarbeiterin des Museums, der er die Ausschnitte zeigte, vermutete, dass es sich um eine ältere Fotografie handeln könne. Die Ausstellung wäre seit den 80ern mehrmals überarbeitet worden. Jedenfalls sei eine Maschinenspitze mit einfachen geometrischen Mustern abgebildet, ein Exportschlager und Devisenbringer in den 60ern und 70ern, sagte sie, sogar die Hippies hätten Spitze gemocht, wahrscheinlich wegen der Blüten. Die Formensprache ließe auf Plauener Herkunft schließen, erläuterte sie weiterhin. Auf Svens Frage, ob Spitze ein Wertgegenstand sei, der Begehrlichkeiten jenseits des Redlichen wecken könne, sah sie ihn etwas eigenartig an und schob ihre Bluse zurecht. Natürlich gäbe es Sammlerstücke und Liebhaberei, aber gerade die Stoffe, für die er sich interessiere, seien Massenware und nichts weiter als Schmuck. Nein, verabschiedete sie sich amüsiert, dafür würde sie niemanden töten, wirklich nicht.

»Und dennoch ist es passiert ...«, murmelte er im Gehen und schaute nachdenklich auf die Fotos in seiner Hand.

Sven machte einen kleinen Umweg über die Weberhäuser **123**, um einen für den Collie bestellten handgetöpferten Fressnapf abzuholen. Noch während er bezahlte, traf unter dem mitreißenden Orchesterstück Tschaikowskys eine neue Nachricht ein: ›Wir sind von Ihren Fortschritten begeistert. Wie wäre es mit einer kleinen Dampferfahrt auf der Pöhl? Nehmen Sie die letzte Tour des Tages, das Sonnendeck, zweite Sitzreihe links. Viel Vergnügen, Goldstaub.‹ Sven machte auf dem Absatz kehrt und besorgte sich Tabletten gegen Seekrankheit.

Die Apothekerin hatte den sparsamen Gebrauch der Arznei empfohlen, weshalb Sven es bei drei Stück beließ. Als ihn nach einiger Zeit statt des erwarteten Unwohlseins ein unerwartetes Wohlsein in der Art einer beseelten Kritiklosigkeit befiel, war ihm klar, dass eine einzelne Reise-Tablette wohl ausgereicht hätte. Aber auch das wurde ihm dann irgendwie seltsam egal. In heiterer Grundstimmung erklomm er die Treppe zum Sonnendeck des Fahrgastschiffes der Talsperre Pöhl **124**. Der Dieselmotor war bereits angeworfen und das ganze Schiff schaukelte beim Ablegen mit kleinen ungeduldigen Bewegungen. Noch bevor Sven hörte, wie die Gangway eingezogen wurde, spürte er, dass der Platz direkt hinter ihm nicht mehr leer war. Er roch eine Wolke aus Lavendel, weiter im Hintergrund eine fischige Note wie von feuchtem Tang und hoffte inständig, dass die

Düfte verschiedenen Ursprunges seien. Dann riss ihn eine strenge Stimme aus den Gedanken: »Drehen Sie sich nicht um. Ich halte ein Spray in meiner Hand. Ist noch aus den Labors in Leuna, aber es funktioniert fabelhaft«, warnte sie ihn mit ruhiger Stimme. »Benutzen Sie bitte kein Aufzeichnungsgerät und drehen Sie sich nicht um! Sie werden während dieses Gespräches verstehen, warum all diese Maßnahmen bitter notwendig sind. Nicken Sie einfach, wenn Sie einverstanden und bereit sind.« Die Stimme wartete und Sven neigte den Kopf zweimal leicht nach vorne.

»Gut. Wissen Sie, Goldstaub, der Kalte Krieg war keine besonders angenehme Sache. Wir halten die Amerikaner heute oft noch für die kaugummikauenden Helden der Befreiung, aber Uncle Sam hat in dieser Zeit ebenso rücksichtslos und überheblich seine Ziele, die Ziele des amerikanischen Glaubens, der amerikanischen Vorstellung von Gut und Böse, vertreten. Es ist richtig, wenn wir heute das Verhalten beider Seiten verurteilen, aber es fällt schwer, sich eine objektive Meinung zu bilden, solange man die Mauer nur von einer Seite sieht. Im Frühjahr 1963 wurden 176 Männern und Frauen zwischen 21 und 25 Jahren für die ›Limbus‹-Operation rekrutiert. Der erste Teil der Ausbildung fand in einem Dorf im Sperrgebiet statt. Hier wurden sechs Monate lang Nahkampftechniken auf dem Stand der internationalen Geheimdienste trainiert. Man lehrte uns, mit einem Hühnerei und zwei Stücken Birkenrinde einen körperlich weit überlegenen Gegner lautlos zu neutralisieren, einen Zug voller Agenten ohne Handfeuerwaffen zu säubern und jedwede Person vor dem unmittelbaren Tod zu beschützen. Nicht, dass wir uns falsch verstehen – niemand aus unserer Gruppe wurde gezwungen. Wir waren stolz, dabei sein zu dürfen. Einige von uns sind das heute noch, aber ich persönlich gehöre nicht dazu. Ein zentrales Problem damals war die Kommunikation. Das ist im Zeitalter von E-Mail und Chat-Diensten schwer vorstellbar, aber man konnte damals den Informationsfluss im eigenen Hoheitsgebiet allenfalls recht und schlecht kontrollieren, im Land des Gegners waren wir hingegen viel zu oft taub und blind.« Die Dame putzte sich kurz die Nase, Sven kaute schnell zwei Nägel ab. »Im Anschluss an die Nahkampfausbildung wurden wir von einer Gruppe neurologischer Spezialisten für den späteren Einsatz konditioniert. Die ›Limbus‹-Gruppe war geschaffen worden, um ganz gezielt Operationen zu steuern, die sich so tief wie möglich im Feindesland abspielen sollten. Die Ausbildung unterstand zwei jungen Offizieren der Spionageabwehr, Genosse Major Hellwein und Genosse Major Molokov. Die Idee schien anfangs genial. Wir sollten nach punktuellen Löschungen im Langzeitgedächtnis flächendeckend als Schläfer im gesamten Westeuropa stationiert werden. Die Wecksequenz und die Anweisungen wurden in geometrischen Figuren von Spitzenstickereien codiert. Plauener Spitze konnte als begehrtes Exportgut problemlos alle Grenzen im nicht sozialistischen Wirtschaftsgebiet passieren. Es wurde eine Mischung aus codierten Einzelbuchstaben und komplexen Anweisungen verwendet. Wir selbst kennen die jeweilige Übersetzung nur aus den uns jetzt verfügbaren Tabellen, unsere eigenen Programmierungen fanden in einem tranceartigen Zustand statt. Hellwein war für die Adaption im Ausland zuständig, sodass wir uns ganz natürlich als Westeuropäer ausgeben konnten. Molokov koordinierte unsere Programmierung. Die Tests liefen vielversprechend. Im Frühjahr 1964 wurden die ersten 25 Teilnehmer der ›Limbus‹-Operation in den Westen geschleust, im Sommer zwölf weitere. Im Herbst traten die ersten Probleme zutage. Zwei Mitglieder unserer Gruppe liquidierten das gesamte Verkaufspersonal in einem Hamburger Gardinengeschäft, zwei Wochen später wurde eine arglose Kurzwarenverkäuferin in Bayreuth ein ungewolltes Opfer der Supermächte. Die Ursache war banal. Molokov hatte sich beim Erarbeiten der Codes zwar um einen gebührenden Abstand zu den klassischen Mustern der Spitzenhersteller im Vogtland bemüht, bedauerlicherweise jedoch auf eine Marktanalyse im späteren Einsatzgebiet vollkommen verzichtet. So fanden sich beispielsweise in belgischer Ware einige Ornamente, die Molokovs Codes zum Verwechseln ähnlich sahen. Und auch im frischen Wind der 60er trauten sich die Plauener Betriebe an viele neue und ausgefallene Muster. Wie Molokov es geschafft hat, diese Katastrophe über 25 Jahre vor seinen Vorgesetzten und der ganzen übrigen Welt geheim zu halten, ist uns allen ein Rätsel. Wir gründeten bereits 1977 ein internes Netzwerk, schon allein, um uns vor uns selbst zu schützen. Wir, die Gruppe selbst, begannen, die Katastrophe zu kontrollieren. Dies ist uns auch – bis auf einige Kollateralschäden – einigermaßen gelungen. Aber 2007 setzte etwas ein, womit niemand gerechnet hatte. Molokov war nach dem Fall der Mauer schnell verschwunden. Niemand vermisste ihn und niemand rechnete ernsthaft mit seiner Rückkehr, aber im Herbst 2007 waren wir uns sicher, dass er die Kenntnisse aus der Vergangenheit auf eine heimtückische und gewinnbringende Weise einsetzte, um gezielte Liquidierungen zu organisieren. Er müsste bereits ein sehr alter Mann sein, wir wissen nicht, ob er sein Wissen mit einem jüngeren Menschen geteilt hat. Wir wissen nur, dass beinahe jeden Monat Mitglieder der ›Limbus‹-Operation für den bestellten Tod missbraucht werden, ohne dass sie sich wehren können. Stoppen Sie diesen Wahnsinn, Goldstaub. Wir wissen, dass Molokov hinter Ihnen her ist. Stoppen Sie ihn, so schnell Sie können. Viel Glück, Herr Goldstaub.«

Sven drehte sich einige Millimeter nach links. Aus den Augenwinkeln konnte er beobachten, wie sich die Dame mit einer eleganten und scheinbar mühelosen Bewegung erhob und ihre Beine über die Reling schwang. Dann schob sie sich eine Sauerstoffpatrone zwischen die Lippen und drückte sich leicht vom Geländer ab. Im nächsten Augenblick sah man gerade noch ihre zierlichen Beine mit den hellbeigen Stützstrümpfen in den Fluten verschwinden.

Noch in derselben Nacht wurde von Sven ein Gedächtnisprotokoll angefertigt und der erste Teil der Enthüllungs-Story konzipiert. Gegen halb sieben hatte er dann im Verlagshaus in Chemnitz angerufen und einen vertraulichen Termin vereinbart. Selbst nachmittags machten die Tische im »Alten Handelshaus« **125** einen gut gefüllten Eindruck. Die gemauerten Bögen und Nischen waren mit rustikalem Hausrat dekoriert. Sven sah Eisenpfannen, schweres Geschirr, alte Zuber, Kiepen und einen

Dreschflegel. Er wählte einen Platz in der linken hinteren Ecke. Am Nebentisch feierte eine kleine Gesellschaft um eine Torte mit einer goldenen Jahreszahl. Der Jubilar, ein trotz seines Alters noch immer athletisch wirkender Mann mit silbergrauem Haar, prostete Sven kurz mit dem Sektglas zu und wandte sich dann wieder an seine Familie. Der Chefredakteur aus Chemnitz ließ noch einem Moment auf sich warten. Es war die richtige Idee gewesen, sich gleich nach dem turbulenten Alarm im Seniorenheim bei der Lokalredaktion krank zu melden. Viel zu lange hatten sie ihn mit den Nichtigkeiten von Lokalseite vier abgespeist. Wehner, diese journalistische Niete, durfte alle Termine mit Buffet und Händeschütteln absahnen, während Sven nach der 40. Preis-Kuh den Geruch nie mehr aus seiner Lederjacke bekommen hatte. Egal, mit dieser Story hier würden ihm ganz andere Türen offen stehen. Sven schenkte sich ein inneres Lächeln. Ein junges Mädchen mit einem Serviertablett schob sich an der Geburtstagsgesellschaft vorbei an seinen Tisch. Und dann ging alles ganz schnell.

Die Bedienung beugte sich etwas hinab, um seine Bestellung aufzunehmen. Gleichzeitig signalisierte das Handy den Eingang einer neuen Nachricht. Sven wollte noch einen kurzen Blick in die Karte werfen, um sich zu vergewissern, blieb aber mit den Augen an der kleinen Schürze aus Spitze hängen, die zur Kellnerinnen-Uniform zu gehören schien. Einen Moment lang war er von der Ironie des Anblickes amüsiert. Dann entdeckte er das Muster, einen Rhombus mit vier Punkten. Es schien nicht sehr sauber gearbeitet, aber unverkennbar. Ehe er es für einen Scherz oder einen launigen Zufall halten konnte, nahm er aus dem Augenwinkel eine erste Veränderung am Nachbartisch wahr. Der silbergraue Jubilar hatte sich vollends zu ihm hingewandt und starrte an Svens Kopf vorbei auf die Schürze des Mädchens. Seine Augen rollten zweimal unnatürlich weit nach oben und er begann sich langsam zu erheben. Sven sah ihm wie in Zeitlupe dabei zu, wie er sich in einer einzigen präzisen und gleichmäßigen Bewegung zu hünenhafter Größe erhob, den rechten Arm ausstreckte und, ohne hinzusehen, einen der Dreschflegel aus der Wandverankerung riss. Auf dem Handydisplay blinkte das Wort ›ACHTUNG!‹ in Großbuchstaben und Sven versuchte noch, die Code-Tabelle aus dem Gedächtnis abzurufen. Er dachte an seine Eltern und den Hund, an Sabine aus dem Lotto-Laden und die Ungerechtigkeit der kalten Progression. Der silbergraue Hüne machte einen federnden Schritt auf ihn zu, führte den Dreschflegel mit beiden Armen hinter seinen Rücken und bog den gestreckten Körper nach hinten, um die gesamte Kraft in sein Werkzeug zu laden. Und noch während das Holz in einem weiten Bogen auf ihn niederzischte, fiel Sven ein, wofür das Muster gestanden hatte: null siebenundvierzig, R-O-A-S, ›Raum ohne Ausnahme säubern.‹ Na dann – gute Nacht, dachte er noch lakonisch. Und im nächsten Moment sank Goldstaub zu Boden.

115 De Neideiteln: Die Skulptur des Plauener Künstlers Hannes Schulze stellt eine Plauener Marktfrau dar, die nach der Überlieferung durch ihre beredte Art ein weithin bekanntes Original gewesen sein soll. Die Neideitel im Allgemeinen ist auch heute noch im vogtländischen Sprachgebrauch verwurzelt und steht für eine auffällig neugierige und gegebenenfalls gleichzeitig neunmalkluge Frau von rustikaler Herzlichkeit.

116 Alte Elsterbrücke am Stadtstrand: Mit einer Länge von 75 Metern überspannt das Bauwerk die Weiße Elster mitten im Zentrum von Plauen. Das Bauwerk gilt als eine der ältesten erhaltenen Steinbogenbrücken Sachsens und findet bereits 1244 urkundliche Erwähnung. 2010 wurde auf dem Areal um die Brücke mit dem Plauener »Stadtstrand« eine attraktive Freiluft-Oase angelegt, die wetterabhängigen Öffnungszeiten sind bei Bedarf auch online abrufbar.

117 Die Johanniskirche: Die gotische Hallenkirche im Zentrum der Stadt markiert im Jahr 1122 mit der Weihe der Vorgängerkirche an gleicher Stelle die erste urkundliche Erwähnung der Stadt. Als Hauptkirche der evangelischen Gemeinde ist sie eng mit dem wechselhaften Schicksal Plauens verknüpft und erlebte eine Vielzahl von Um- und Wiederaufbauten. Im Zuge der letztendlich friedlichen Revolu-

tion von 1989 gab die Kirche den zentralen Frie-
densandachten eine Heimat.

118 Altmarkt: In der Oszillation zwischen dem tradi-
tionsreichen Anblick des Renaissance-Giebels vom
alten Rathaus und der modern-dynamischen Anmu-
tung des 2007 eingeweihten König-Albert-Brun-
nens bietet der zentrale Markt der Stadt die richtige
Kulisse für viele Feste und Märkte und gilt als idea-
ler Ausgangspunkt, um sich die historischen Teile
der Stadt zu erschließen.

119 Erich-Ohser-Haus: Die bereits 1993 gegründete Galerie e.o.plauen fand 2010 in diesem direkt an das Vogtlandmuseum angrenzenden Gebäude in der Nobelstraße 7 eine neue und würdige Heimat. Das Haus
ist gleichzeitig Sitz der Erich-Ohser-e.o.plauen-Stif-
tung sowie der e.o.plauen-Gesellschaft und beherbergt ebenfalls das Erich-Ohser-Archiv. Öffnungszeiten: Dienstag bis Sonntag von 11 Uhr bis 17 Uhr

120 Stadtpark: Das Areal mit den ringförmig angelegten
Spazierwegen wurde Anfang des letzten Jahrhunderts im westlichen Umland des Oberen Bahnho-
fes geplant und gebaut. Das gepflegte Gelände rund
um die Anstauung des Tennera-Baches beherbergt
außerdem das Parktheater und ist zu allen Jahreszei-
ten ein beliebter Anlaufpunkt. Für Start oder/und
Ende der Park-Tour bietet sich eine Erfrischung im
Restaurant Tennera geradezu an.

121 Elstertalbrücke: Die zweitgrößte Ziegelsteinbrücke der Welt überspannt die Weiße Elster im Verlauf der Eisenbahnverbindung zwischen Leipzig und Hof. Sie wurde aus taktischen Überlegungen gegen Ende des Zweiten Weltkrieges von den Faschisten gesprengt und 1946 durch eine spektakuläre Behelfskonstruktion wieder passierbar gemacht. 1950 erfolgte die Rekonstruktion des ursprünglichen Zustandes. Auf dem Sockel der zweiten Bogen-Etage kann das imposante Bauwerk auf einem Fußweg überquert werden. An den Seitenhängen und im Tal kreuzen mehrere attraktive Wanderwege, die malerische Einstiege in das Elster- und Triebtal ermöglichen.

122 Spitzenmuseum: Im Gebäude des alten Rathauses am Altmarkt untergebracht, bietet das Plauener Spitzenmuseum als Einziges seiner Art einen umfassenden Einblick über Geschichte und Technik der manuellen und maschinellen Spitzenherstellung. Die liebevolle Sicht auf die faszinierend filigranen Gewebe und der Zauber der Exponate lassen ahnen, wie die Plauener Spitzen und Stoffe einst den Ruhm und den Reichtum der Stadt begründeten. www.plauen.de/de/tourismus/plauen-entdecken/ kunst-kultur/museen.php

123 Weberhäuser: Mit Schauwerkstätten und handgefertigten Waren lockt die älteste Häuserzeile der Stadt unterhalb des historischen Viertels um die Johanniskirche in eine eigene Welt abseits des Urbanen.

Um die Weberhäuser kümmert sich der Verein Unikat. Auf dem Programm stehen Kurse in verschiedenen Handwerkstechniken, Ideen für die Feriengestaltung sowie ein kleines, feines Veranstaltungsangebot.
www.weberhaeuser.de

124 Talsperre Pöhl: Die 1964 fertiggestellte Stauanlage diente vorrangig dem Hochwasserschutz der nachfolgenden Überschwemmungsgebiete der Weißen Elster und ist heute eine der drei größten Talsperren in Sachsen. Durch ihr abwechslungsreiches Uferprofil und die landschaftliche Anziehungskraft der angrenzenden Täler stellt die Talsperre Pöhl seit ihrer Flutung Anfang der 60er-Jahre ein gut frequentiertes touristisches Ziel dar. Kletterwald, Fahrgastschiffe, beliebte Angelplätze und die gute Eignung als Badesee machen den Besuch zu jeder Jahreszeit lohnenswert.

125 Altes Handelshaus: Die mittlerweile drei zur Restauration gehörenden Gebäude bieten in ihrer detailverliebten Rekonstruktion ein außergewöhnliches Ambiente für eine stärkende Pause bei der Erkundung der Stadt. Unter den imposanten Bögen der barocken Decke des Hauptgastraumes lädt die Küche des Handelshauses zu einer stimmigen Mischung aus rustikaler Regionalität und moderner Leichtigkeit ein.
www.altes-handelshaus.de

DANKSAGUNG

»Dem, der uns Gutes tut, sind wir nie so dankbar wie dem, der uns Böses tun könnte, es jedoch unterlässt.« (Marie Freifrau von Ebner-Eschenbach (1830–1916))*

Liebe Leser,

die Autoren des Krimistammtischs Vogtland, die ihre Geschichten zum Kriminellen Freizeitführer beigesteuert haben, danken allen, die freiwillig oder unfreiwillig zum Gelingen des Buches beigetragen haben. Wir danken dem Team des Gmeiner-Verlags, das dem »vogtländischen Sonderweg« mit der Beteiligung mehrerer Autoren aufgeschlossen gegenüberstand. Wir danken allen, die uns bei den Recherchen unterstützt haben. Wir danken allen, die uns mit ihren wunderschönen Plätzen im Vogtland inspiriert haben. Wir danken unseren Angehörigen, Freunden und Bekannten, die mit uns auf manchmal nicht ganz einfachen Recherchetouren oder in Gedanken bei uns waren.

Als Herausgeberin bedanke ich mich bei meiner Familie und vor allem bei meinem Mann Volker, der sich als Korrekturleser mehrfach bewährt hat. Im Voraus danken wir allen, die Meinungen und Hinweise zum Buch haben, denn trotz sorgfältiger Arbeit unterläuft auch Autoren hin und wieder ein Fehler. Wir bitten jedoch zu bedenken, dass die Geschichten fiktiv und Ähnlichkeiten außer beim Original Vogtlandecho rein zufällig sind.

Wir hoffen, dass unsere ernsten, witzigen, boshaften, bisweilen auch grausamen Geschichten Sie inspirieren, die in den Kurzkrimis sowie den dazugehörigen Freizeittipps genannten Orte aufzusuchen und selbst die Inspiration von Schlössern, Burgen, Parks, Kurorten, Kirchen, Bergen, Tälern, Wäldern, Aussichtstürmen oder musealen Einrichtungen im Vierländereck Vogtland zu erleben. Manchmal sind es die ganz einfachen Dinge, deren Schönheit man immer wieder neu entdecken kann.

Ihre Herausgeberin
Petra Steps

DIE BETEILIGTEN AUTOREN
DES KRIMISTAMMTISCHS VOGTLAND

Manfred Köhler, geboren 1964 in Hof, arbeitet seit 1994 als freiberuflicher Redakteur und Autor. Mit dem Thriller »Schreckensgletscher« war er für den Glauser-Krimipreis 2008 nominiert. Von ihm erhältlich sind derzeit über 40 E-Books, Printveröffentlichungen und Hörbücher.

Christoph Krumbiegel wurde 1972 im Vogtland geboren, wo er heute eine kleine Land-Apotheke betreibt. Seine skurrilen Kurzgeschichten sind Bestandteil mehrerer Anthologien. Bei Lesungen im Vogtland ist er ein gern gesehener Gast. Er konnte bereits mehrmals den Vogtländischen Literaturpreis gewinnen.
Mehr Information unter www.krumbiegel.de

Maren Schwarz ist eine waschechte Vogtländerin. Sie schrieb bereits mehrere Kriminalromane und Kurzgeschichten, die im Vogtland und an der Ostsee spielen, zuletzt den 2020 im Gmeiner-Verlag erschienenen Kriminalroman »Inselsumpf«, in dem sie die auf Rügen lebende Rechtsmedizinerin Leona Pirell auf Verbrecherjagd schickt. Derzeit schreibt sie an ihrem nächsten und damit 12. Kriminalroman, indem diesmal neben Rügen auch deren kleine Schwesterinsel Hiddensee und die

Lagune von Venedig Erwähnung finden. Maren Schwarz ist Mitglied im Syndikat.

Roland Spranger, geboren 1963, lebt in Hof. Neben seiner Autorentätigkeit arbeitet Roland Spranger als Betreuer in Wohnprojekten für geistig behinderte Menschen. Außerdem moderiert er regelmäßig die Live-Talkshow »Gwaaf zur Nacht« und ist Mitinitiator des Podcasts »Kunstverächter«. Seit der Einladung zu den Autorentheatertagen am Staatstheater Hannover 1998 wurden Sprangers Stücke auf zahlreichen Bühnen in Deutschland aufgeführt (zuletzt »Der Rest«, Uraufführung Februar 2020 am Theater Hof). 2002 wurde sein Debütroman »ThRAX« veröffentlicht. Für seinen Thriller »Kriegsgebiete« erhielt der Autor den Friedrich-Glauser-Preis 2013 in der Sparte »Bester Kriminalroman«. Mit der Kurzgeschichte »C« wurde der Autor in der Kategorie »Bester Kurzkrimi« im Jahr 2016 erneut für den Friedrich-Glauser-Preis nominiert. Sein Kriminalroman »Tiefenscharf« schaffte es im April 2018 auf die Krimibestenliste. Zuletzt erschien »A Kind Of Blue«, ein Buch mit Short Stories.

Gunnar Schuberth wurde in Münchberg/Oberfranken geboren. Seine erste Veröffentlichung war ein Gedichtband, danach schrieb er Satiren für Zeitungen, Drehbücher und Krimis.

Gunnar Schuberth lebt seit seinem Germanistikstudium in Nürnberg. Heute arbeitet er als Softwareentwickler und Autor. Sein erster Kriminalroman »Der Schlaf des Schmetterlings« wurde im Bastei-Lübbe Verlag veröffentlicht. Zuletzt erschienen von ihm der Nürnberg-Krimi »Todesfinal« im Sutton-Verlag sowie das E-Book »Das Buch der Verdammnis«.

Gunnar Schuberth liest regelmäßig aus seinen Büchern bei Veranstaltungen in Nürnberg und im Kreis Hof.

Petra Steps, Jahrgang 1959, waschechte Vogtländerin, jedoch im Kuckucksnest Zwickau geboren. Diplomphilosophin, Hochschullehrerin, Journalistin, Herausgeberin, Autorin, Ehefrau, Mutter und Oma. Sie ist Autorin und (Mit-)Herausgeberin von Krimianthologien und Autorin bzw. Mitautorin von Reisebüchern, veröffentlicht Beiträge in Regionalia und Krimianthologien und gibt Schreib-Workshops. Für den Förderverein Schloss Netzschkau e.V. veranstaltet sie die KrimiLiteraturTage Vogtland. www.krimi-literatur-tage.de

REGISTER

Adam August Zürner 158, 163
Adorf 96, 110, 179
Alaunbergwerk Mühlwand 168, 177
Alte Elsterbrücke 210, 229
Alter Söll 84, 92
Altes Handelshaus 226, 232
Altmarkt Plauen 212, 230, 231
Andreas Hofer 153, 163
Aschberg 42, 51, 52
Auensee bei Joditz 122, 141
Auerbach 83, 90, 91, 166
August der Starke 158, 163

Bad Brambach 99-102, 105, 120, 121, 156
Bad Elster 110, 111, 121
Bauernmuseum Nitschareuth 179
Bio-Seehotel Zeulenroda 8, 12, 19
Botanischer Garten Adorf 97, 119
Braunmühle 162
Buchwald 167
Burg Mylau 169, 176, 178
Burgruine Liebau 179
Burgruine Reichenfels 16, 21, 179

Campingplatz Grünhaid 27, 38
Christiane Schatz 162

Deutsch-Deutsches Museum 129
Deutsche Raumfahrtausstellung 43, 53, 54
Dolní Paseky (Tschechien) 102, 120
Dörflas 26, 37
Dr. h. c. Hans Vogt 39

Ebersbach 153, 154
Ellefeld 166
Elsterberg 51, 92, 189, 205
Elsterradweg 169, 176, 179
Elstertalbrücke 179, 217, 218, 229, 231
e.o.plauen (Erich Ohser) 179, 230
Erich-Ohser-Haus 214, 230

Eugen Gomringer 39
Eugen Philippi 149

Fachkrankenhauses für Neurologie und Psychiatrie
Rodewisch 157
Falkenstein, Schlossfelsen 81-83, 91
Fattigsmühle 128, 142
Ferienschiff Grünhaid 27, 38
Fernweh-Diner 134, 144
Fernweh-Park Hof 132, 134, 143
Framus-Museum 161
Freibad Mylau 168, 178
Freiberger Tor 119
Freiheitshalle Hof 59, 75
Freizeitpark Plohn 53, 167, 176
Friedrich der Große 23, 25, 26

Galerie e.o.plauen 179, 230
Gasparinentempel 190, 207
Geigenbachtalsperre 80, 90
Gerber-Hans-Haus 147, 161
Gläserner Bauernhof 146, 159, 162
Göltzsch 166, 168, 169, 177, 178
Göltzschtalbrücke 162, 167, 169, 176, 178
Göltzschtalgalerie 91
Göltzschtalradweg 166, 176
Greiz 10, 16, 20, 166, 169, 184, 188-192, 204-207
Greizer Park 180, 184, 186, 191, 204
Großer Kornberg 26, 28, 29, 33, 34, 37, 38
Gündels Kulturstall 24, 36
Grünhaid 27, 38

Hammerbrücke 42, 83
Hans Rogler 25, 36
Hauptwache Greiz 190, 206
Heimatmuseum Bad Brambach 19, 120, 121
Heinrich Richter 131
Heiterer Blick Markneukirchen 146
Hermann-Vogel-Haus 161
Hirschstein-Ruine 27, 37
Historischer Kostümverleih Oelsnitz 162
Hochmoor Großer Kranichsee 51
Hof 38, 51, 56, 57, 59, 67, 72, 74, 95, 100, 101, 107, 115,
126, 129-132, 142, 143, 183, 192, 231
Hofer Filmtage 59, 74, 142
Hohenleuben 21
Holzbrücke Wünschendorf 14, 21
Hundsgrün 23, 24, 36

Hüttels Musikwerkausstellung 161

Institut für Konstruktive Kunst und Konkrete Poesie
36, 39

Jägersgrün 42, 54
Jean Paul 123, 127, 129-132, 141, 143
Jean-Paul-Felsen 127, 142
Jean-Paul-Museum 123, 141
Jean-Paul-Weg 126, 131, 141
Jocketa 179, 218
Joditz 124, 126, 127, 141, 142
Johanniskirche 211, 229, 231
Jüdischer Friedhof Plauen 161
Julius Mosen 153, 155-158, 162, 163

Käppels Floßteiche (Schneidenbach) 167, 177
Karpfenpfeifer-Brunnen 12, 20
Kirchenlamitz 26
Klein-Vogtland 119, 179
Kletterpark Hof Kletterpark 72
Kletterwald 232
Klingenthal 41, 51, 52, 160, 176
Kloster Mildenfurth 15, 21
Kornberghütt'n 28
Kraslice/Graslitz (Tschechien) 51
Krebes 161
Küchenhaus Greiz 181, 186, 204
Kuhberg 145, 159
Kunsthaus Rehau 29, 31, 32, 39
Kurpark Bad Brambach 102, 120

Labyrinthe Hof   18, 59
Lengenfeld   166, 167
Leonardo da Vinci   7

Marius Müller-Westernhagen   129, 142
Markneukirchen   146, 147, 159, 160, 162
Maxplatz Rehau   29, 31, 39
Mechanische Werkstätte Gelius   29, 39
Mehrgenerationenhaus Rehau   29, 31
Mildenfurth   15, 21
Miniaturschaupark Adorf   96, 98, 119, 179
Mittelalterliche Stadtbefestigung Hof   73
Modellstadt Rehau   28, 39
Mödlareuth   129, 136, 144
Morgenröthe   43, 54
Morgenröthe-Rautenkranz   54
Muldenberg   42, 53, 176
Mühlental   157
Mühlleithen   42, 52
Mühlwand   166-168, 177
Musikinstrumentenmuseum Markneukirchen   147, 157, 160, 161, 162
Musikwinkel   146, 160
Mylau   166, 168, 169, 176, 178

Natur- und Fischlehrpfad der Interessengemeinschaft
Fließgewässerschutz Sachsen   168, 177
Natur- und Umweltzentrum Oberlauterbach   93
Neideitel   210, 211, 229
Nentschau   101, 120
Netzschkau   165, 166, 169, 178, 237

Nicolaikirche Auerbach   83, 84, 91

Oberer Berg   146, 159
Oberes Schloss Greiz   205
Oberlauterbach   93
Oelsnitz   31, 152, 176
Original Vogtlandecho/Fischergeister   145-147, 152, 153, 155, 159, 234
Osterburg Weida   10, 19

Parktheater Plauen   152, 230
Paul Klee   7
Paulus-Schlössel   147, 160
Perlaser Turm   77, 90
Pilgramsreuth   25, 33-36
Plauen   113, 145, 152, 161, 179, 208, 221, 224, 225, 229-231
Plohn   53, 167, 176
Poetenwald   152-154, 157, 162
Poppengrün   81
Pulverturm Greiz   190, 207

Rasenlabyrinth Reichenfels   18, 21
Rautenkranz   42, 53, 54
Rehau   22, 25, 26, 28-31, 35-38
Reichenbach   36, 237
Reichenfels   14, 18, 21, 179
Rissfälle   82-85, 91
Rittergut Adlershof   87, 88, 93
Röthelstein, Felsenbühne   86, 92
Rote Göltzsch   166
Rotschau   36, 166

Saalebrücke 129, 142
Sachsengrund 43, 55
Sägewerk Markneukirchen 147, 161
Schloss Netzschkau 179, 257
Schloss Schönberg 102, 120
Schloss Treuen 85, 90, 92
Schloss Voigtsberg 152, 161
Schlossinsel Rodewisch 165, 176
Schlossturm Auerbach 79, 80, 90
Schneckenstein 51
Schönberg/Sachsen 102, 120
Schönburgwarte 29, 37, 38
Schöneck 83-85, 92, 160
Siebenbrunn 146, 152, 153, 159, 162
Sigmund Jähn 42, 53
Ski-/Trailzentrum Großer Kornberg 38
Skulpturenpark Rehau 15, 21, 29, 39
Sommerpalais Greiz 10, 180, 181, 185-188, 191-193,
195, 198, 199, 204
Sommerrodelbahn Mühlleithen 42, 52, 53
Sophienreuth 27, 37
Spitzenmuseum Plauen 221, 231
Stadtkirche St. Marien Greiz 190, 206
Stadtpark Plauen 215, 215, 230
Stadtstrand Plauen 210, 229
St.-Veit-Pfarrkirche Wünschendorf 14, 20

Talsperre Muldenberg 53, 176
Talsperre Pöhl 222, 232
Talsperre Zeulenroda 9, 19
Tennera 230

Theater Hof   59, 75, 142
Theresienstein   73, 134, 143
Tierpark Falkenstein   91
Tirschendorf   23, 36
Treuen   85, 90, 92

Unteres Schloss Greiz   205
Untreusee Hof   59, 72, 73, 142

Vertriebenenmuseum Hof   59, 74
Vinotheker   24
Vogtländische Literaturgesellschaft »Julius Mosen«   157, 163
Vogtländischer Knollensteig/Knollenring   23, 36
Vogtländisches Goldmuseum und Naturalienkabinett Buchwald   167, 177
Vogtlandmuseum   151, 161, 179, 230
Vogtland-Panorama-Weg   90, 153, 162
Vogtlandschanze   42, 52
Vogtlandsee   42, 54
Volkmar Kühn   21
Vorsuchhütte   28, 37

Wackelstein   27, 37
Waldpark Grünheide   42, 53, 54
Waikiki Erlebnisbad   11, 20
Waldbad Adorf   98, 119
Wärschtlamo   56, 59, 61 65-69, 72
Wartturm Hof   74
Weberhäuser Plauen   222, 231
Weida   10, 19, 20

Weiße Göltzsch   166
Weißensand   167
Weißes Kreuz Greiz   190, 207
Wendelstein   78, 79, 90
Werda   81
Winselburg   51
Wünschendorf   14, 20, 21

Zigeunersteine   27, 37
Zobes   149, 150, 156

*Weitere Titel finden Sie auf den
folgenden Seiten und im Internet:*

WWW.GMEINER-VERLAG.DE

Alle Bücher von Petra Steps:

Mörderisches Erzgebirge
ISBN 978-3-8392-2095-5

Mörderische Prachtbäder
ISBN 978-3-8392-2234-8

Mörderisches Vogtland
ISBN 978-3-8392-0059-9

Mörderisches aus Sachsen
ISBN 978-3-8392-0057-5

**Glück Auf –
Oje du fröhliche**
ISBN 978-3-8392-2528-8

Mords-Sachsen 1
ISBN 978-3-89977-718-5

Mords-Sachsen 2
ISBN 978-3-89977-753-6

Vogtland hoch vier
ISBN 978-3-8392-1872-3

**Kurbäder im Herzen
Europas**
ISBN 978-3-8392-2418-2

GMEINER SPANNUNG

WWW.GMEINER-VERLAG.DE
Wir machen's spannend